エンゾ・早川

足《アシ》半《ナカ》バイブル

1000年前の
忘れられた履物が
現代人の
身体を変える

ASHINAKA BIBLE

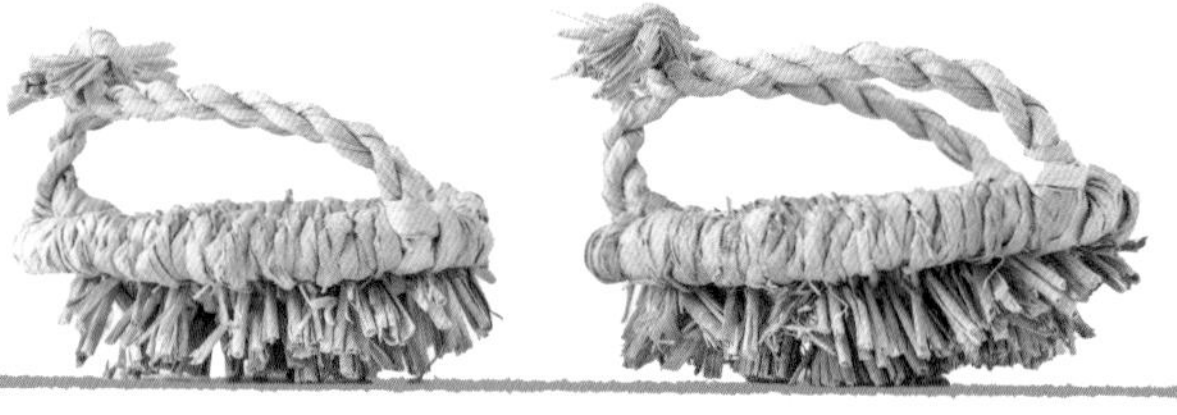

はじめに

神宿る幻のはきもの、足半《あしなか》……じつをいうと、この「足半」という言葉をいつ知ったのか、その記憶が私にはまったくない。

そもそも私は、平素よりインターネットを情報源としていないので、テレビで知ったのか、誰かに聞いたのか、それとも雑誌や書籍で知ったのか……しかし、なぜかいつのまにか「足半」という語と「それを履くと、かかとがぜんぶ出ちゃってるらしい」という薄っぺらい情報だけが脳にインプットされていたのである。いずれにせよ、常識としてまかりとおっている「かかと着地」の歩きかたや走りかたに対し、幼少の頃から、ある種の懐疑的な違和感をもっていた私にとって、この「かかとがぜんぶ出ちゃってる」というエキセントリックなはきものは、「腑《ふ》」にズドンと落ちたわけである。

当時、すでに私は、茅ヶ崎でロードバイクのプロショップを営んでいて、並行して自転車専門誌の特集記事を担当したり、ロードバイクに関する書籍を出版したりしていた。自分でいうのもなんだけど「ロードバイクのカリスマ」として通っていた。

にもかかわらず、どうしても足半というはきもののことが気になってしまった私は、編集者の山口くんと常連客の岡田さんに情報を集めてもらうことにした。そこではじめて、足半というものフォルムと、その作りかたがおぼろげにわかってきたのである。しかし、やはりというべきか、インターネットの情報というものは、必ずこのあたりで終わるようになっていて、なかなかそこから先へとは進めなかった。

そこで私は、茅ケ崎駅から東海道線に乗り、東京は「丸善」本店まで出向き、そこで『はきもの』（法政大学出版局、潮田鉄雄著）という書籍を探し当てたのである。足半について同書で記述されていたことはけっして多くはなかったけれど、心ある人の書いた情報というものは、仮に分量が少なかったとしても、それ以上に多くのイメージを脳内に構築してくれる。

どうしても自分で足半をつくってみたくなった私は、近所で居酒屋をやっていたしげちゃんに、伊東で野菜をつくっているお父さんの畑に手伝いに行くついでに、農協かどこかで藁《わら》を買ってきてくれないかとお願いした。その藁を使い、少ない情報を頼りに足半をつくると、さっそく伊豆の河津川へと持って行き、渓流での「テンカラ釣り（日本古来の毛バリ釣り）」に使ってみた。はじめてつくった足半は、水に浸けたとたんにブヨブヨに柔らかくなり、帰る頃には、くったくたの藁ゴミのかたまりと化してしまっていた。

それでも私は、めげずに足半をつくっては河津川に出掛け、ようやく一日じゅう川の中で履いていても壊れない足半をつくれるようになった。今度はそれを持って馴染みの履物屋、銀座「やまと屋」へ行き、見せると、大旦那や職人さんはお愛想で褒めてくれたけれど、同年代の（ドSの）若旦那は「これじゃ、ダメだね。もっと編み藁を詰めて厚く、丈夫に仕上げないと、売りもんにはなんないよ」と厳しく指摘してくれる。そもそも売り物にしようなんて、そんな大それたこと……思ってもみなかったけれど、そう言われると、もっとクオリティの高いものをつくってやろうという欲が湧き上がってきた。

それならばと、中学生の頃から店にかよってきていた渡辺くんの、茅ヶ崎で農家を営む実家から糯藁《もちわら》を分けてもらい、その藁を使って改良した足半を履き、箱根湯本の三枚橋から芦ノ湖畔まで、箱根旧街道を四時間以上かけて踏破。その後、同じく茅ヶ崎の小山農園から大量の藁の供給を受け、何足、何十足とつくっていくうちに、箱根旧街道の石畳を繰り返し登っても壊れず、カッチリと形状を保ち、足に擦り傷もこさえない足半をつくることができるようになった。

現在では、自分用、販売用、イベント用、奉納用、合わせて年間一五〇足以上を製作している。

そして、なんと！　銀座「やまと屋」のショーウインドウには、私のつくった足半が飾られていて、箱根旧街道で四〇〇年以上続く「箱根・甘酒茶屋」では、男性用M&Lサイズ・女性用Sサイズ、三サイズ展開で販売もされているのだ。

いつ知ったのかさえ覚えていない足半。それでも、多くの人の協力と助言によって、もちろん自己流ではあるけれど「私の足半」は完成した。元来このはきものは、自分で、自分用に、自分の足に合わせてつくるものなので、つくる人や用途、地方によって形が微妙に異なる。しかも、履きつぶしたら畑に放り投げて肥料になるといったサイクルでその一生を終えることがほとんどであるから、なかなか一般向けに、しかも複数のサイズ展開で販売されているものに巡り合うことは稀有であろう。ゆえに人知れず「幻」と化してしまったのかもしれない。

昭和のある時期までは、鮎釣りや渓流釣りに訪れた釣り人のために、川べりに足半を売る店があったと聞くが、残念ながら私は見たことがない。そのうちにゴムやフェルトを裏に貼って滑りにくく加工した、ウェット足袋やウェーダー（胴長）が普及したことで、いつのまにか姿を消してしまったのだという。

いっぽう、草鞋《わらじ》は、今でもインターネットなどで比較的容易に入手することができるし、観光地などで売られているのを見かけることもある。じっさいに祭り衆や山伏が履いているのを見ることもそうめずらしいことではない。

あれほど多くの職業・階層の人々に履かれたはきものもないであろうはずなのに、現代に生きる末裔である私たちが誰も知らない。にもかかわらず「現代に生きている」ただそれだけの理由で、私たちが否応なく抱えざるを得なくなってしまった、肉体的・精神的な問題を解消してくれるかもしれない。そんな不思議なはきものを、本書を通じて読者のみなさんに紹介する。それを大真面目に「天命」だと感じてしまった私は、三年前に一度終わったはずの人生をもう一度賭けてみようと思ったのである。

二〇二二年、二月
茅ケ崎にて
エンゾ・早川

ブックデザイン◉美柑和俊＋滝澤彩佳
写真◉渕本智信
イラスト◉エンゾ・早川
各章扉　寄木細工写真◉箱根寄木細工るちゑ
構成◉井川真登

第1章

足半とは何か？

WHAT IS ASHINAKA?

足半はかわいい？

私の店の軒先には「足半あり〼《マス》」という看板とともに一足の足半がぶら下げてある。

正直、お前が言うなと言われそうだが「けったいな」はきものだなあと思う。きっと行き交う人びともそう思ってるんだろうなあと思っていたら、さにあらず、あんがいと「かわいい！」という声が聞こえてくる。

私はロードバイクのプロショップをやっているので、いきおいスポーツをする同年代の男性……つまりオジサンばかりが集まってくる。だから、足半に先行して麻でつくったミニチュアの足半お守りを「箱根・甘酒茶屋」で販売しはじめた当初、年齢を問わず、女性たちが「かわいい、かわいい」といって買い求めていくのだと聞かされた時、意外というよりも、なんだか釈然としない心地であった。

足半は、古来、合戦と修行と労働のためのはきものである。男のはきものである。だから、きっとこれで悩めるオジサンたちを救うことができるんじゃないか。そう考えてせっせとつくっていたのだけれど、老若を問わず、女性たちが「かわいい！」と言ってくれるのなら、ここは彼女たちのアンテナを信じるべきなのでは？ 「エビデンス男子」の小理屈じゃなく「インスピレーション女子」の嬌声《きょうせい》にしたがってみるべき時代なのでは？ そう考えを改めた私は、これまでほとんどつくってこなかった「女性用サイズ」をつくることにしたのである。履いた女性たちができるだけ痛い思いをしないように心を配りながら。

WHAT IS ASHINAKA?

なぜだか女性ほど足半に食いつく。

「足半」って、形も読み方も不思議。

女性用Sサイズと男性用Mサイズ。

[上]《蒙古襲来絵詞》(模本)
九州大学附属図書館所蔵
[左]上図より。足半をはく足軽たち。

足半誕生秘話

足半の姿（絵画）がはじめて歴史に登場するのは『蒙《もう》古《こ》襲来《しゅうらい》絵《え》詞《ことば》』の中、ということになっている。

蒙古襲来とは、元寇《げんこう》のことで、時は鎌倉時代の中期、一二七四年（文永一一年）、一二八一年（弘安四年）の二度にわたりモンゴル軍が博多湾に襲来したというわが国最大のピンチであった。執権北条時宗は、九州に所領を持つ東国御家人に現地の御家人たちとともに迎え撃つように指示。神風・台風・モンゴル側の事情など諸説あるものの無事に約五千隻の船に乗ってきた一〇万余の兵を撃退することに成功したというものである。

後年、この一連の戦いを描いた絵巻が『蒙古襲来絵詞』であり、多くの御家人たちが足

博多湾周辺に築かれた
馬止めの石塁。

半を着用し、モンゴル軍相手に奮戦する姿が散見される。こういった経緯から足半は、東国御家人たちが蒙古襲来に備えて発案した新しいはきものであり、以来、武士たちによって全国へと広まっていったのだという。

それはそれとして、実際に足半をつくって、履いている私の脳裡には異なったイメージが広がる。はたして、戦争にやってきた兵士たちが現地で新しいはきものを考え出すだろうか？　ピリピリしてるんだろうに。ならば、すでに九州地方には足半があって、東国から遠征してきた御家人たちが、地元民が履いている足半に着目し、採用したと考えるほうが自然なのではあるまいか？

そう考えると、あとで登場する空海の伝説と符合するのである。乞うご期待！

足半がもっともポピュラーなはきものだと謂われた所以

足半が登場する以前のわが国では、裸足、草履、草鞋《わらじ》が主流で、とくに武士は、合戦において草鞋をよく用いた。草鞋は大陸の藁沓《わらぐつ》が起源と言われ、奈良時代から平安時代にかけて、わが国の温暖で湿潤な気候、開放的な南方型の風土に合うように改良されるうちに今の形になったのだという。

草鞋に比較して足半には、足運びが軽い、涼しく快適、滑りにくい、急流で足を取られにくい、小石が入りにくい、擦り傷ができにくい、着脱が容易、短時間でつくれる、といった利点があり、それゆえ武士、僧兵、山伏などに履かれるようになり、しだいに田畑の耕作、山仕事、川仕事、浜仕事、磯仕事、いかだ乗り、相撲取り、杜氏、葬式の棺桶担ぎなど……不安定で、滑りやすくて、斜めで、危険で、濡れていて、暑くて、熱くて、何かに咬まれたり、刺されたり、誰かに命を狙われたり、取り憑かれたりしそうな仕事の現場で好んで履かれるようになったのだという。

また、足半には、使用する藁の量の少なさにおいて草鞋を凌駕しているという、当時の人びとにとっては切実な利点があった。

奈良時代以降、米の収量が増え、穂刈から鎌による根刈が普及したことで、やっと庶民も藁でつくったはきものを利用できるようになってきた。そうはいっても藁の用途は多岐にわたる。そんな貴重な藁を多く使わずとも必要な機能を有していた足半が、多くの庶民に受け入れられたのもうなずける。

足指とかかとが地面に着く足半（上）、足指だけが地面に着く草鞋（中）、足指もかかとも地面に着かない草履（下）。用途や環境の変化によって適したはきものも異なってくる。

足半が足裏を砂浜の灼熱地獄から守ってくれる。

急斜面での柴刈り・山菜採りには足半が便利。

葛飾北斎　《寡女大井子怪力》(『北斎漫画』より)　メトロポリタン美術館所蔵

作者不詳　《秋夜長物語絵巻》
メトロポリタン美術館所蔵

足半三傑

足半を履いていたと伝えられる三人の著名人がいる。空海（弘法大師）、織田信長、西郷隆盛である。どうです。凄くないですか？

空海は、足半を履いて四国八十八か所を開基したという伝承が残されている。

織田信長は、敵の首を取ってきた家臣の足が血だらけになっているのを見て、いつも腰に下げている足半を褒美としてやったという話が『信長公記《しんちょうこうき》』に記されている。

西郷隆盛は、幼少の頃より足半を履いて野山を駆け巡っていたと伝えられているが、先の『西郷どん』でも鈴木亮平さんが足半を履いて出演するシーンがあった。ちなみに上野の西郷さんの銅像の足元は、ちゃんと角結《つの》びの足半が再現されている。

ここでひとつ、疑問が生じる。確か足半は鎌倉武士が創作し、全国に広めたはずである。しかし、空海（七七四〜八三五）はそれよりも五〇〇年も前の人である。したがって、これは、後世の弟子たちが宗教がらみで足半を広める際に「空海ブランド」を利用させていただいたという類の話だと思われる。

……が。空海は讃岐の人である。八〇四年に唐へ渡り、帰国後、高野山に金剛峯寺を建て、真言宗を開いた。当然、博多や大宰府といった地を訪れているはずである。もしも彼がほんとうに足半を履いていたのなら、五〇〇年後に鎌倉武士たちが遠征してきたときに、すでに四国や九州には足半が普及していたとしてもおかしくはないと思うのである。

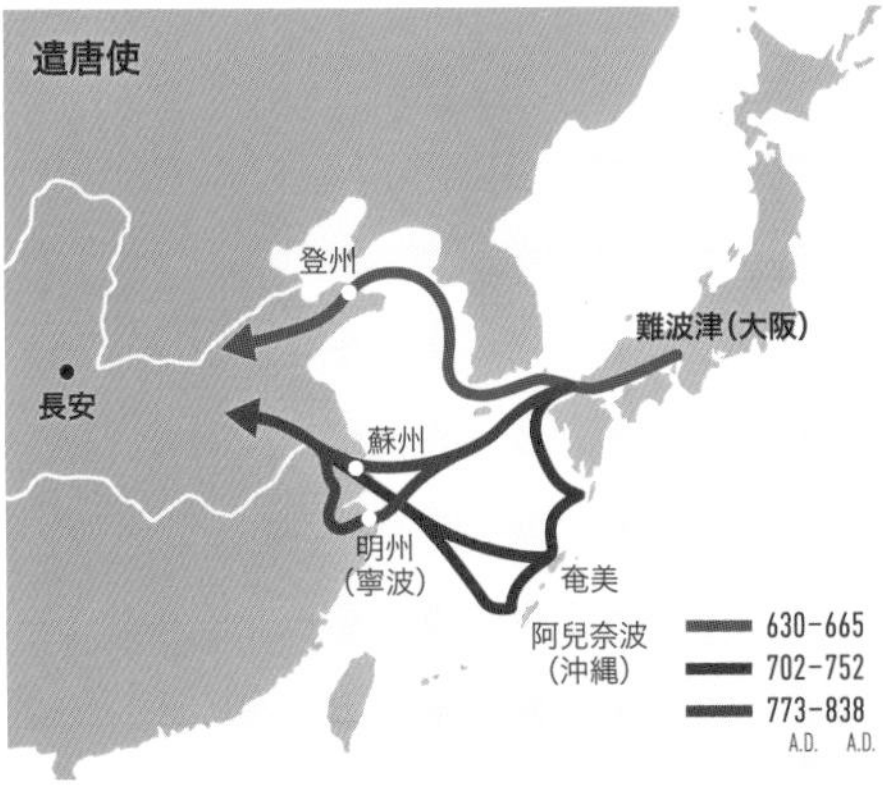

空海は最澄とともに四隻の船で出発。さらに南寄りのルートから福州に上陸したと伝えられている。その際、第三船が難破している。

《弘法大師像》
東京国立博物館所蔵
出典:ColBase
(https://colbase.nich.go.jp/)

ご存じ、上野の西郷さん。むしろこういった銅像に足半がちゃんと再現されていることにびっくり!

足半伝説

足半には様々な伝説・伝承が存在する。下駄、草履、草鞋に比較してことさら足半の伝承が多いのは、そのフォルムによるところが大きいのだという。足半は最後、角《つの》結びで仕上げる。これは牛の角のような形だからで、地方によっては足半のことを「ツノムスビ」「ツノゾーリ」と呼んだり、そのまんま牛から「ベコゾーリ」また、結びがかわいいからだろうか「ハナムスビ」と呼んだりする。この左右にピンと張り出した結びが後年、様々な伝承を生じさせることになる。

多いのが、天然痘などの疫病を防ぐために足半をお供えしたり、土地の境界にぶら下げたり、厄とともに村はずれに捨てたりといったもの。また、足半を履いて山に行くと毒蛇に咬まれたり、毒虫に刺されたりしないとか、魔除けの効果が絶大なので葬式のときに履くなど、似たり寄ったりの話が、ちょっとずつ変化しながら伝わっている。ズバリ「弘法大師が履いた足半だから、毒蛇に咬まれない」という地方もある。最近では「絶対に滑らないはきもの」であるところから受験のお守りに効く、というのまである。

また「ヤゴロウ送り」という疫病神送りの行事は各地にみられるが、九州では巨人伝説と結びつき、ヤゴロウさんの大きな人形に、これまた大きな足半を履かせるのだという。

だから私も、足半をつくるとき、履いた人の健康と幸福を願い、この「角結び」をきれいに仕上げようと心がけている。

写真協力：公益社団法人
鹿児島県観光連盟

この結びの形が多くの伝説を生んだ。

これは高校受験の時。
この3年後、立命館大学にも合格！

消えた足半

　これまでお話ししてきたように足半は、わが国において「もっともポピュラーなはきもの」であったといっても過言ではない。ところが室町時代を全盛期として、江戸時代から明治に入るとしだいに姿を消してしまう。

　その最大の理由は「町」ができたからである。町の地面は平らで、舗装もされている。実際斜面も、デコボコも、ぬかるみもない。実際に足半を履いて現代の町を歩いてみると、かかとは着地しないので問題ないのだが、アスファルトに接触する指、とくに親指の腹が痛む。これは砂利を敷いた公園などでもあまり変わらない。つまり、舗装された町では、足半のメリットを生かせないのに、むしろデメリットを感じてしまうということである。

　こういった理由で、足半は、都市から農村へ、さらに山奥や渓流へ、そして鵜飼いの漁師や、木場の丸太乗り、峠越えの行商人といった特殊な職業、または宗教的・呪術的なアイテムといった、限定的な用途に限られるようになってしまったわけである。

　また、そもそも足半は、自分で、自分用につくるのがふつうで、自分が使う必要量だけを空いた時間につくっておくものである。草鞋のように、お上によって製作が奨励され、宿場などで決められた価格で販売されていたという経緯もない。しかも、履きつぶしたらそのまま畑に投げられて、肥やしとなるという一生であるから、しだいに人の目に触れなくなってしまったのも当然かもしれない。

WHAT IS ASHINAKA?

きれいに舗装された町では、
意外に足半で歩きづらい。

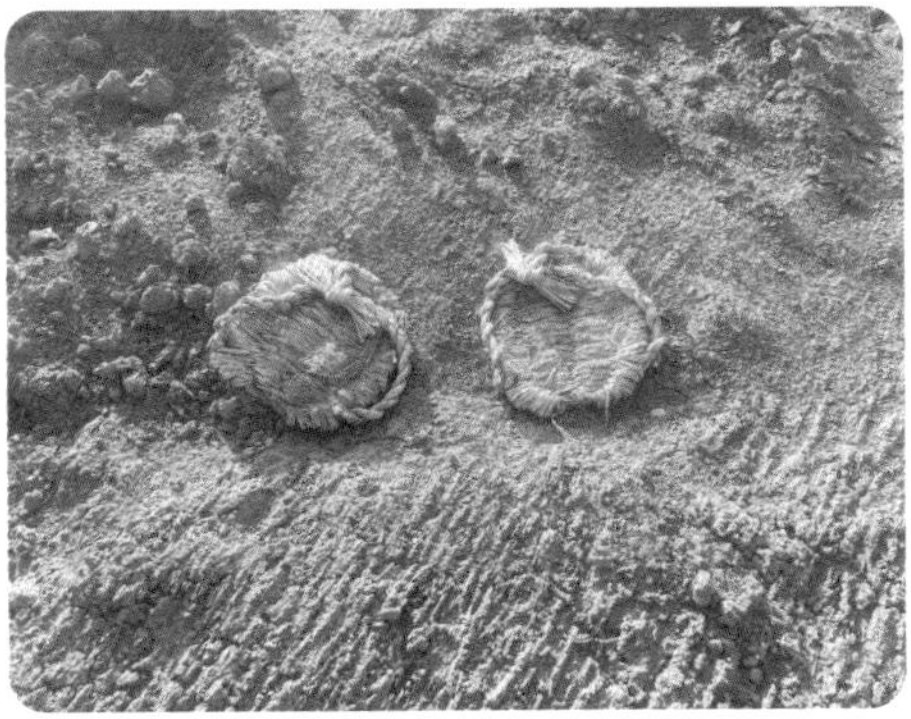

履きつぶした足半は畑の肥やしに。お疲れ様……

砂利敷きの道は地味に痛い!

長良川鵜匠は必ず
足半で漁をおこなう。

現代によみがえる足半

いつのまにか私たちの前から姿を消してしまった足半であるが、現在でも、現役で使われている現場がある。

ここで筆頭に挙げなければならないのは、もちろん「長良川鵜飼」である。というよりも、長良川の「鵜匠」たちが足半を履き続けてくれていたからこそ、現代に生きる私たちが足半の正体を見失わなくてすんだといっても過言ではないと思う。

長良川の鵜匠は、天皇陛下に鮎を献上する「宮内庁式部職鵜匠」という特別公務員であり、であるからこそ、いわゆる「観光鵜飼」とは異なり、衣装から舟に到るまで伝統的なもの以外を使用することが許されていない。

鮎を追い込む明かりには篝《かがり》火《び》を使い、バッテリーやLEDライトは使わないし、舟も水竿《みさお》で操り、エンジンは付いていない。当然、合羽や長靴を使わず、烏帽子、腰蓑に足半というスタイルである。

鵜匠が履く足半は、基本的に濡れて滑りやすい舟の上で使うものなので、足を取られないように、より小さく、より薄く、より三角形に近い形状に改良されている。これにより足への吸いつきが格段によくなる。

また、私の友人にエバレット・ブラウンというアメリカ人がいるが、この人、なんと山伏なのである。一昨年、ふたりで『先祖返りの国へ』（晶文社）という本を出版したのだけれど、その際、私がつくった足半を差し上げたところ、いたく気に入ってくれ、現在も

足半が取り持った縁で生まれた作品。

2017年。ブラウンさんと石畳を歩く。

足半を履いて修行に励んでいるのだという。

彼曰く、近年、地下足袋などを履いて修行する人も多くなってきたらしいのだけど、足半のようなはきものを履いて山を歩くと、足の指が直接地面にふれているので、修行の効果がまったく違うというのである。自分が地球と「アース」している感覚があり、身体に溜まった悪いものが、足の指を通じて地面に流れていってしまうのだという。

また、ひょんなきっかけで知り合った「マンサンダル」の創始者・マンさんは、私の足半の愛用者でもある。じつをいうと、私のつくった足半とマンサンダルには、ある重要な共通点がある。それは、鼻緒や横緒が足の甲を圧迫していないという、ほかのはきものにはない特徴を有している点である。

そもそも私が靴と靴下をやめるきっかけと

旅館・豊栄荘で給水してもらい、いざ、出発！

時代考証もバッチリのマンさん。主宰の私よりも目立つのやめてくんないかな！

畑宿の桔梗屋さんで地元新聞の取材を受ける。

なった人に神楽坂で「ワイズクリニック」という医院を開業している米田《よねた》先生という人があるが、現在筑波大学の医学生の娘さんともどもエイドステーションの古いお客である。はじめて二人がうちの店を訪れたとき、娘さんはまだ小学生だったのをよく覚えている。同時に、いつも素足に草履という米田先生に感化されて、私も靴と靴下とサヨナラする決断をしたのであるが、この決断こそ、現在でも私が生きていられる大きな要因のひとつであったと信じている。

　その米田先生と懇意の人に、浜島先生という所沢で開業している鍼灸師があるが、その人がマンさんのビジネスパートナーであったということで、私のつくる足半が米田先生↓浜島先生↓マンさんというふうに移動していったわけである。みなさん、私も関係している「箱根旧街道・寄人プロジェクト」というのに賛同してくれて「そのうちいっしょになんかやりましょう」という、よくある社交辞令的な口約束が、あれよあれよという間に現実となり、二〇二二年中に、三度、なんともエキセントリックなイベントを開催することができ、おおむね好評だったようである。

マンサンダルのみなさんはふだんから裸足なので、誰も痛がらず元気にゴール。さすがァ！

マンサンダル

第2章

足半をつくる

HOW TO MAKE ASHINAKA

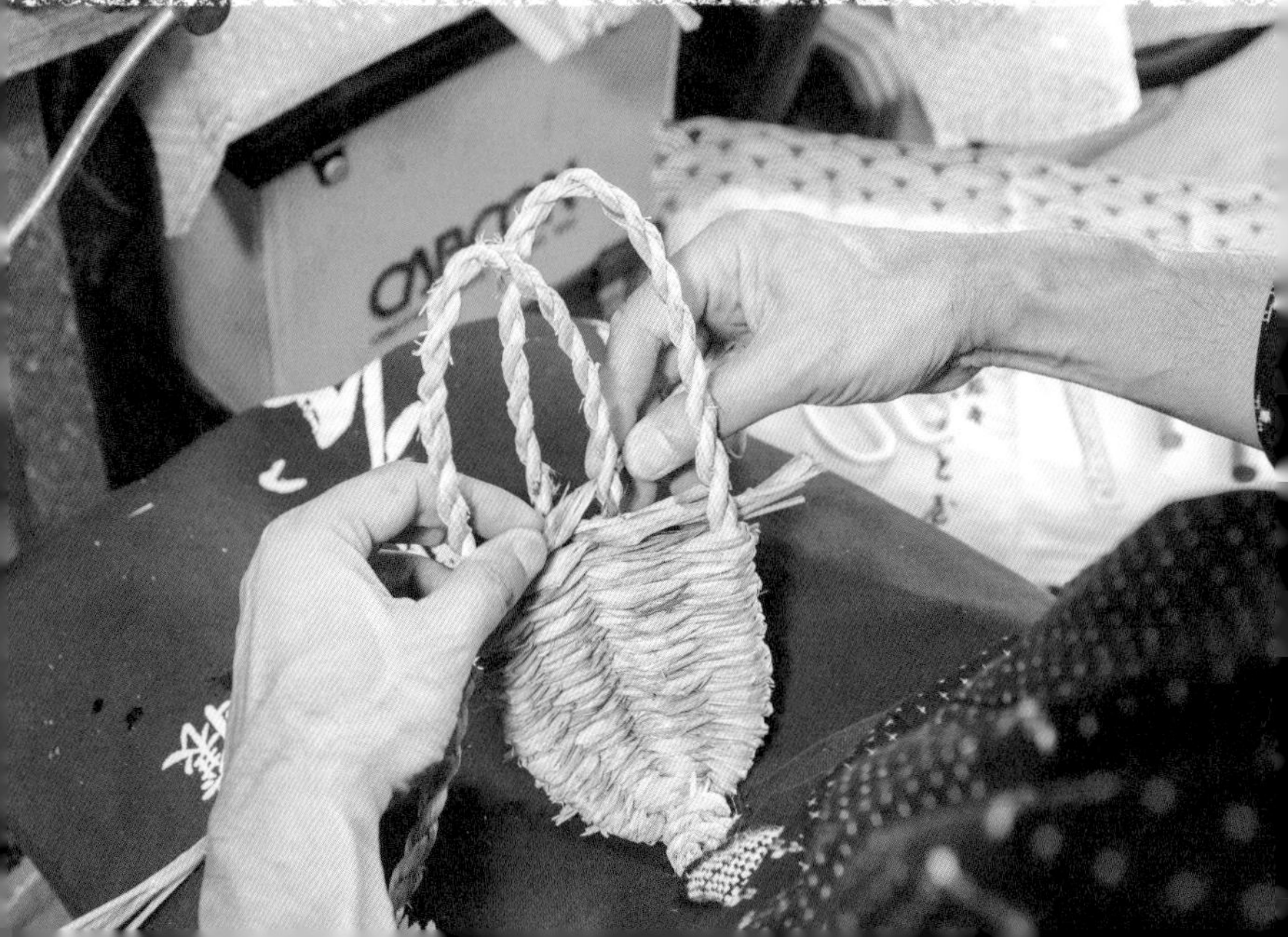

足半のフォルム

私は足半の形が大好きである。魅了されているといっても過言ではない。それは、ランボルギーニのスポーツカーやエルメスのバッグが素敵だというのとなんら変わりはない。

足半は、大きくわけて三つのパーツからなっている。足を乗せる「台」、足の指で挟む「鼻緒」、足の甲をホールドする「横緒」の三つである。いずれも稲藁だけでつくられている。

私のつくる足半の台には、三つのサイズがある。Sサイズは縦一一センチ×横九・五センチ、Mサイズは縦一二・五センチ×横一〇・五センチ、Lサイズは縦一三センチ×横一一センチとし、こだわりの角結びの角部分は、Sサイズが二・五センチ、Mサイズが三センチ、Lサイズが三・三センチとして、大きいサイズも小さいサイズも同じようにかっこよく見えるように考えられている。

鼻緒から角結びに到る部分は、足半がどのはきものとも異なっている象徴的な部分である。台の中には、芯縄と呼ばれる骨組みのような縄が入っているが、草鞋の場合は、そのまま二本の縄として出し、足に結えつけるように利用する。草履の場合は、その縄を切ってしまい、別につくった鼻緒をすげる。しかし、足半は、二本の縄をいったんほどき、一本の縄に綯《な》い直し、鼻緒としたのちに、横緒をまたいであえての角結びって……クーッ。どうです。かっこよくないですか？　足半のシンプルかつ流麗なフォルムには、先人たちの工夫が隠れ潜んでいるのである。

HOW TO MAKE ASHINAKA

少年時代の憧れ、ランボルギーニ・ミウラ。

「足ることを知る」こそ足半の美の本質。

足半・草鞋・草履、
それぞれの基本構造は
少しずつ異なっている。

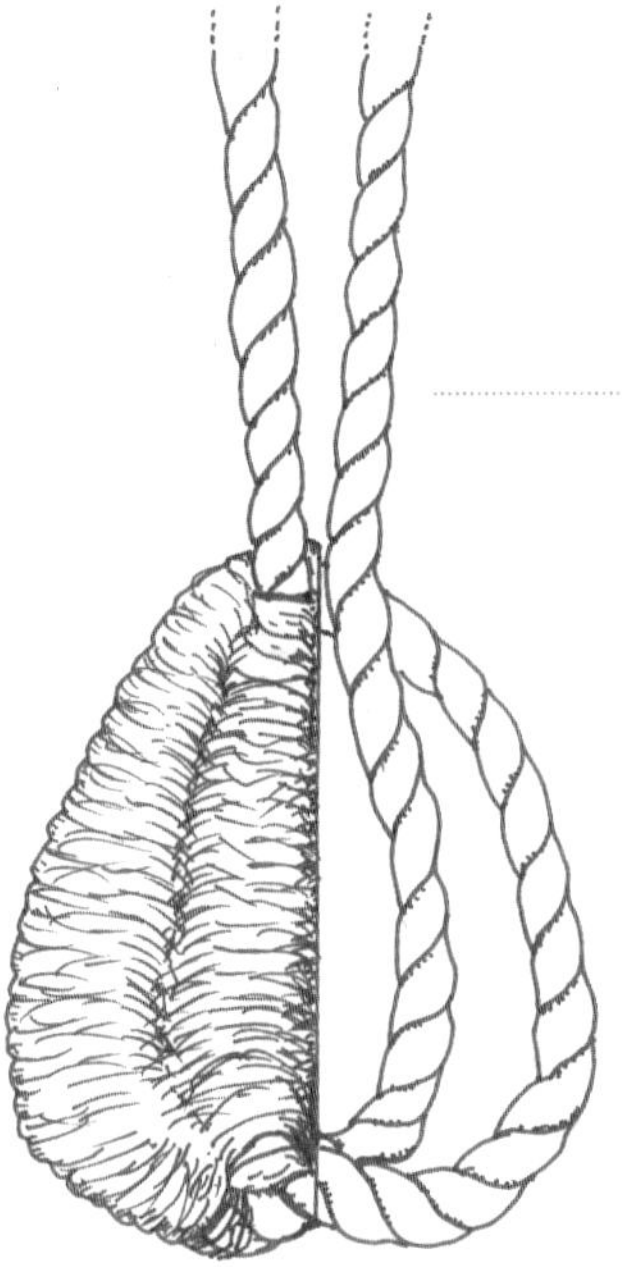
芯縄

足半《あしなか》

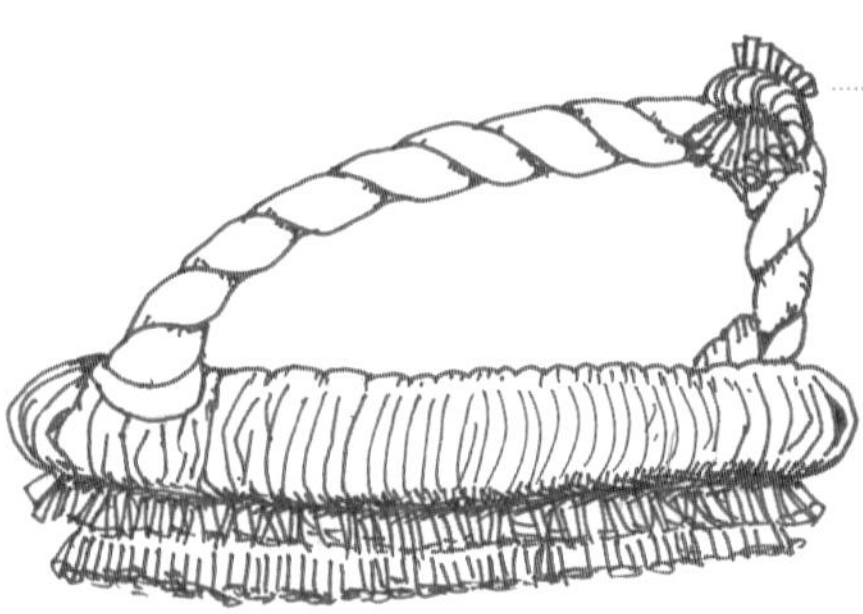
表側に出した
芯縄を鼻緒として
利用している。

草鞋《わらじ》

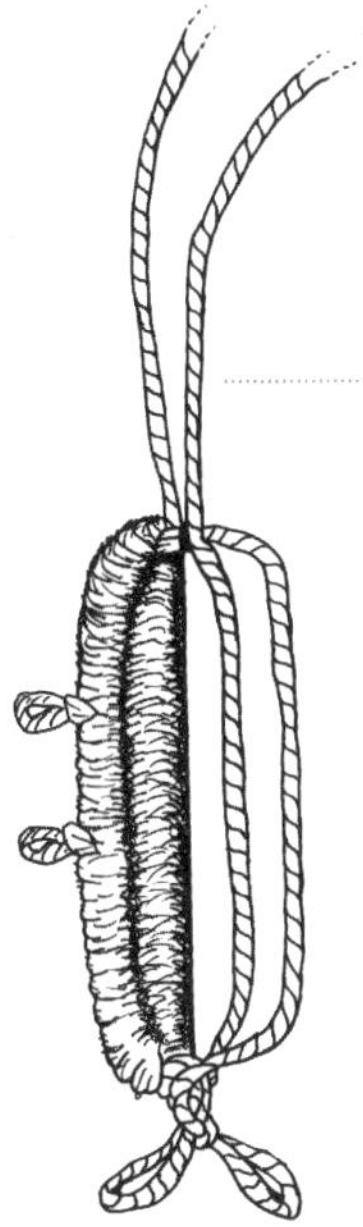
芯縄

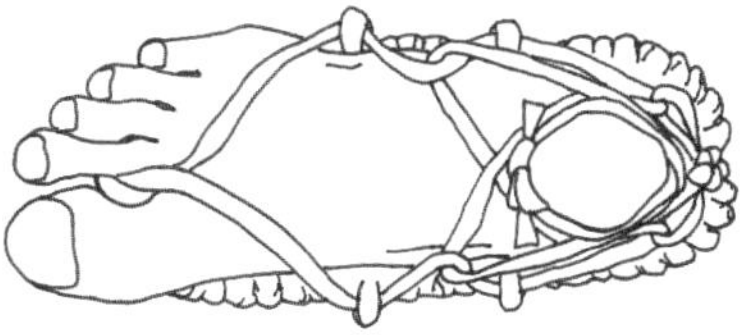

草履《ぞうり》

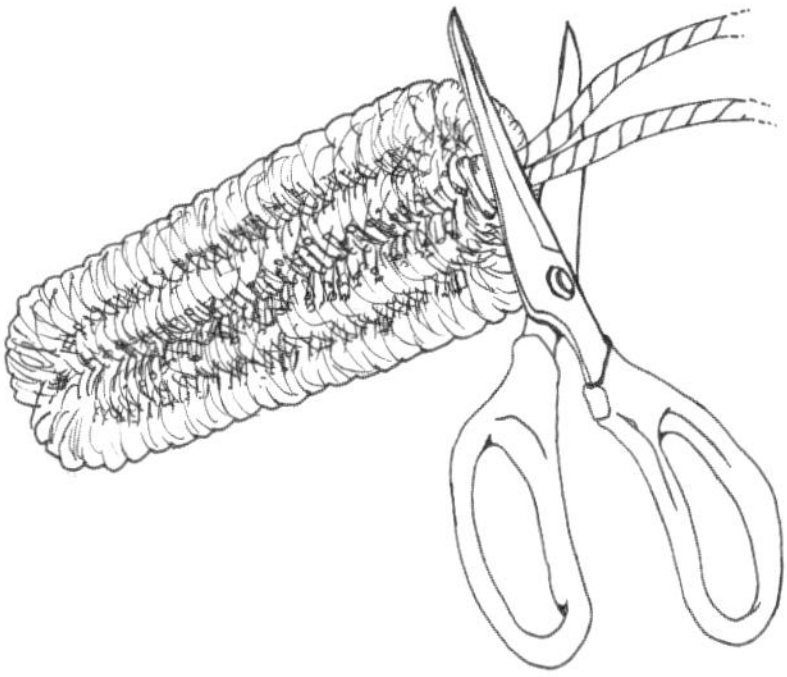
裏側に引き出した芯縄を
切断する。

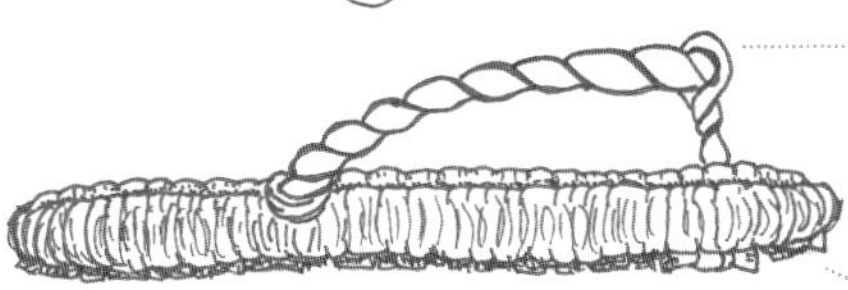
別にすげた鼻緒。
切断された芯縄。

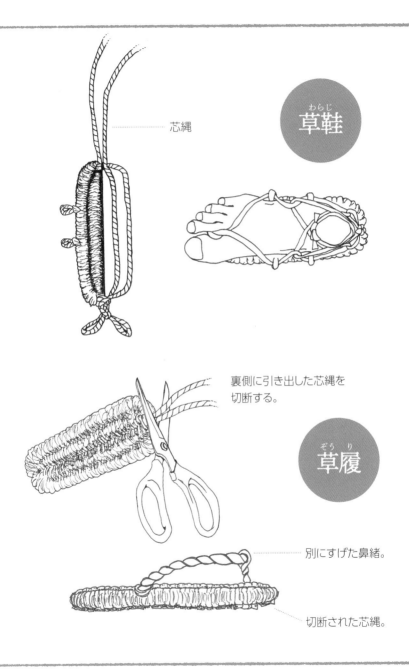

足半解剖

足半のベースとなっているのは「芯縄」と呼ばれる一メートルあまりの縄である。これをハート型に整え、そこに編み藁を編んでいくことで足を乗せる「台」ができあがる。

私のつくる足半のMサイズの場合、横幅が一〇・五センチの、丸みを帯びたおにぎり型になるように編み込んでいき、長さ一一センチくらいまで編み込んだところで、あらかじめつくっておいた横緒を台の両側から編み込む。その後、尻すぼみになるように編み込んでから芯縄を引っ張り出すことで台が完成するが、このときはまだ、台の先端から二本の芯縄の先が飛び出している状態にある。この二本の芯縄を一本の鼻緒にしてしまうところが、足半の足半たるゆえんである。

いったん二条の芯縄をすべてばらけさせると、ソバージュ・ヘアのような感じになる。そこから一本の縄を綯うために、毛量が多ければ透き、縄の継ぎ目に当たってズボッと脱毛してしまったらエクステンションを足して、芯縄と同じか、やや太いくらいの太さの縄を三回、綯《な》う。ここが太すぎると指の股が痛いし、細すぎるとかっこ悪い。

適度な太さと長さの鼻緒ができたら、そのまま鼻緒をつくった縄で横緒を挟み込み、そのまま二重に結んでしまう。このような複雑な作業工程により、足半特有のシンプルな形状と、ちょっと見ただけではどうなっているのかよくわからないという不思議な印象を生み出しているのである。

HOW TO MAKE ASHINAKA

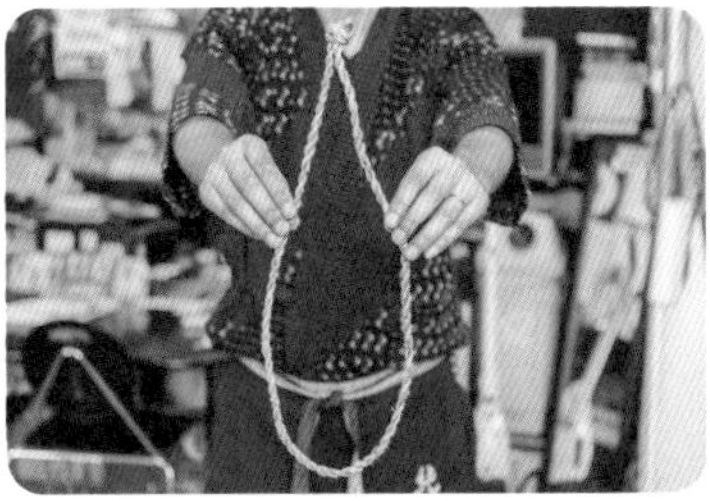

台の骨組みとなる芯縄。

短い方が編み藁用で長い方が縄用。

ハート型にした芯縄に編み込む。

長さ・太さの異なる男性用と女性用の横緒。

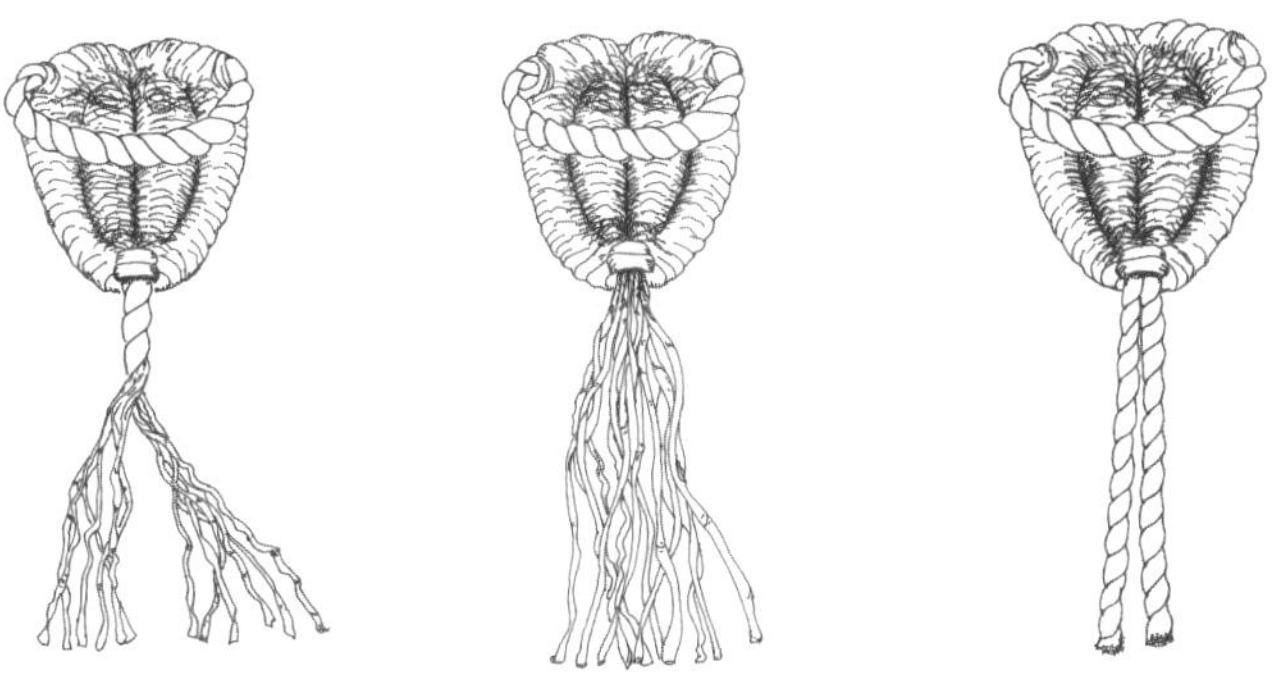

2本の縄から1本の鼻緒をつくる。

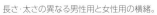

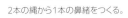

足半のつくり方

足半をつくる工程は、鎌で根刈りされ、きれいに乾燥された藁を入手するところからはじまる。私がつくる足半に使われている藁のほとんどは、茅ヶ崎の小山農園から供給されたものであるが、荒縄で縛った一抱えの藁でだいたい一〇〜一二足の足半をつくることができる。その後、藁の処理→藁の選別→藁打ち→縄綯い（芯縄・横緒の製作）→編み込み→成形→仕上げ、という流れである。

私もはじめの頃は地べたに坐り、足の親指に芯縄を掛けて編み込んでいたのだけれど、年間に一〇〇足以上つくるとなると、膝の側面が痛んでくる。昔の人はこういった作業のなかで脚や腰が曲がってしまったのだなあ、とあらためて気づかされる。

しかも、売り物にするとなると、自家用よりもきれいに、そして頑丈につくらなければならない。また、複数のサイズをつくるようになったこともあり、トライアスロンバイク用のハンドルのパーツを組み合わせて、足の親指のかわりとなり、かつサイズによって幅を変えられるジグをつくり、これを万力に固定し、椅子に坐って編み込み作業をおこなうようになった。その結果、私のつくる足半の品質は劇的に上がったのである。

じつは、木製の机に足の親指に見立てた棒をつくりつけた草鞋の編み台は、農村などでは明治時代ごろにはかなり普及していて、非力な女性や老人でも、身体を傷めることなく作業をおこなうことができたのだという。

HOW TO MAKE ASHINAKA

未処理の藁、一抱えを準備する。

あぐらをかいて藁の処理を開始。

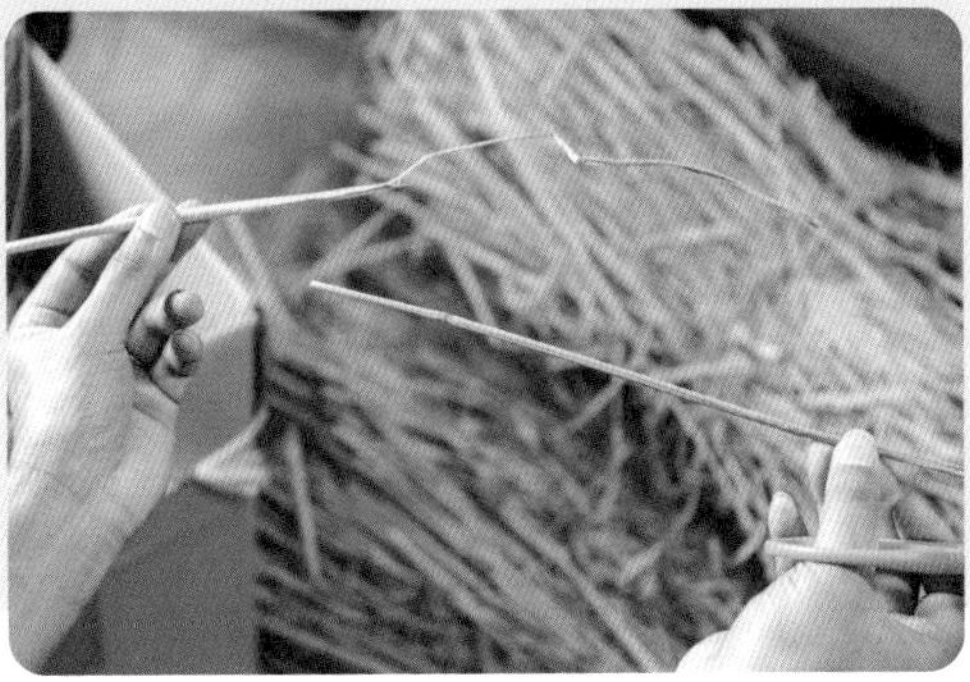

やわらかい袴の部分をはずす。

葉の先と穂をカットして形を整える。

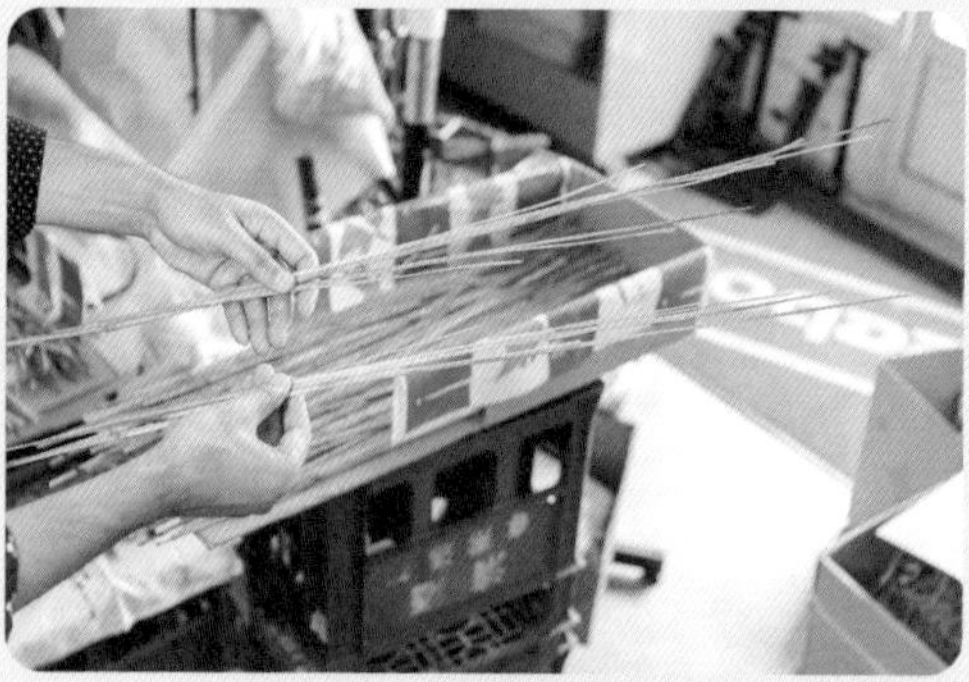

太くて長い藁は芯縄・横緒に、短い藁は編み藁に使う。

芯縄·横緒用と編み藁用の2サイズに選別された藁。

藁打ち作業に必要な道具。横槌·当て木·霧吹き。

よく濡らした藁を打ち、やわらかくする。

太くて硬い根元の部分はていねいに打つ。

繊維を壊しすぎないように穂の先端まで打つ。

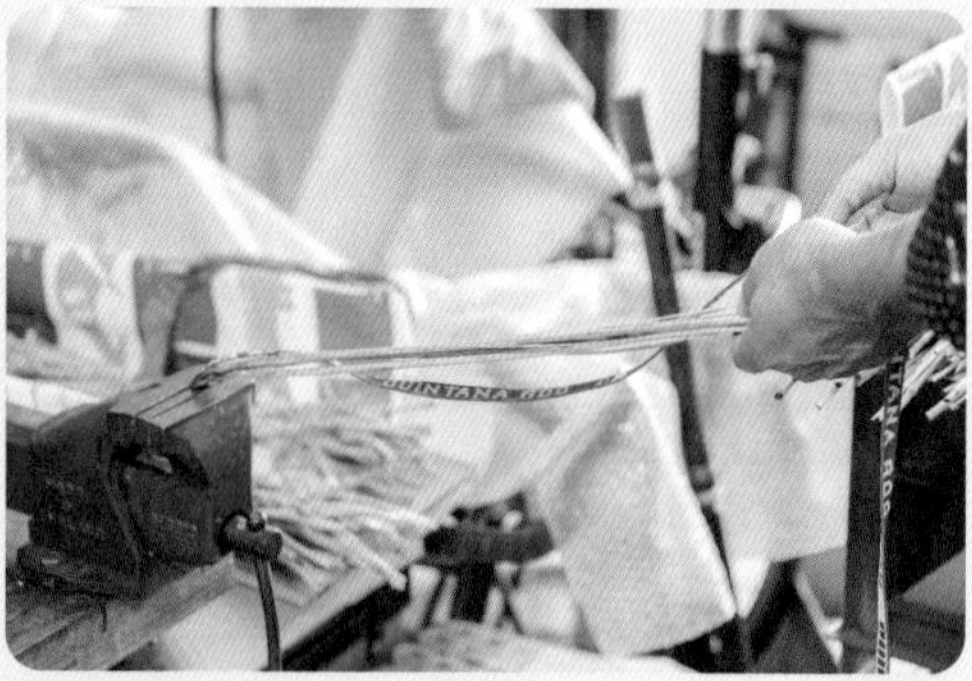

長い藁を6本、計測用のひもとともに万力に固定する。

3本ずつ2条に振り分けたら時計回りにねじる。

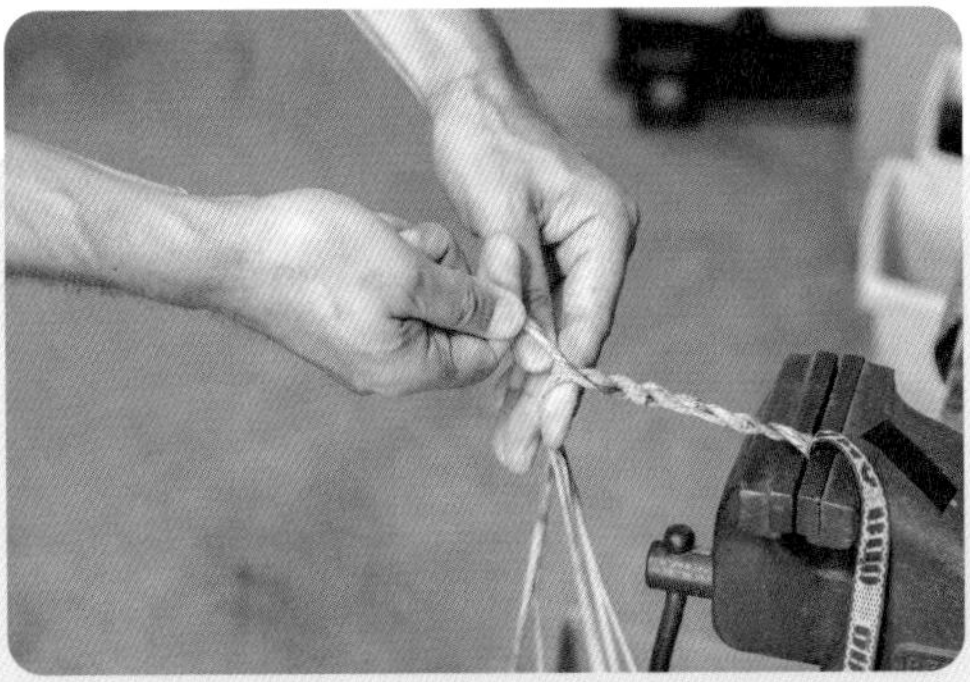

時計回りにねじった2条を反時計回りにからめる。

よりが戻らないように指で押さえながら綯っていく。

縄が細くなってきたら藁を2条の間に差し込む。

太さが均一になるように藁を差し込みながら綯う。

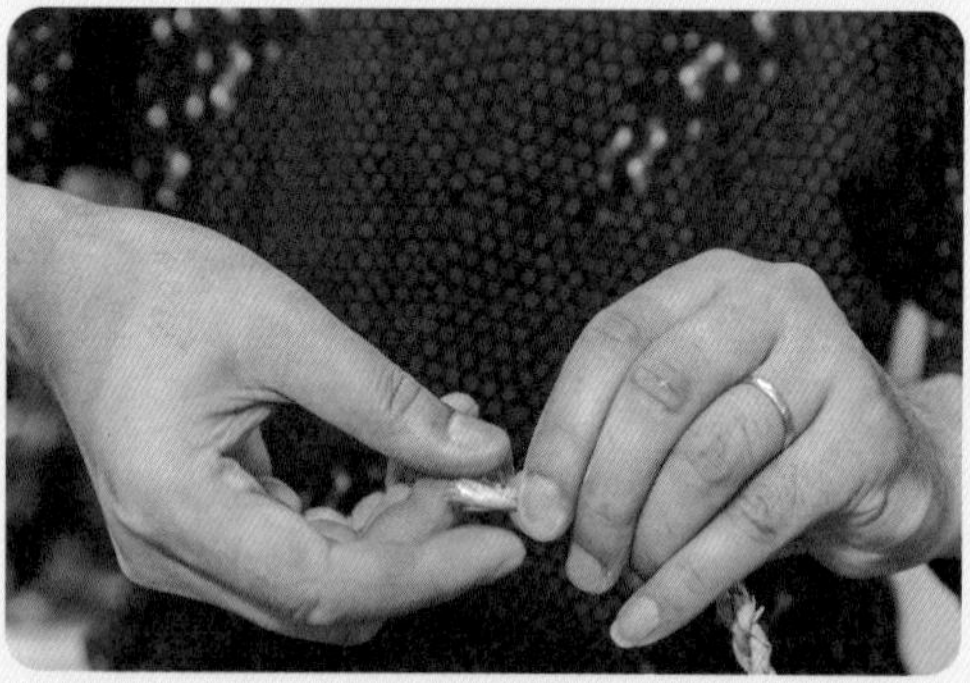

120cm(Mサイズ)になったら端をセロテープで巻く。

こうしておけばバラけてこないので作業しやすい。

はみ出した差し藁の端をきれいに切っていく。

軽く手でしごいてヨレを取り、まっすぐな縄にする。

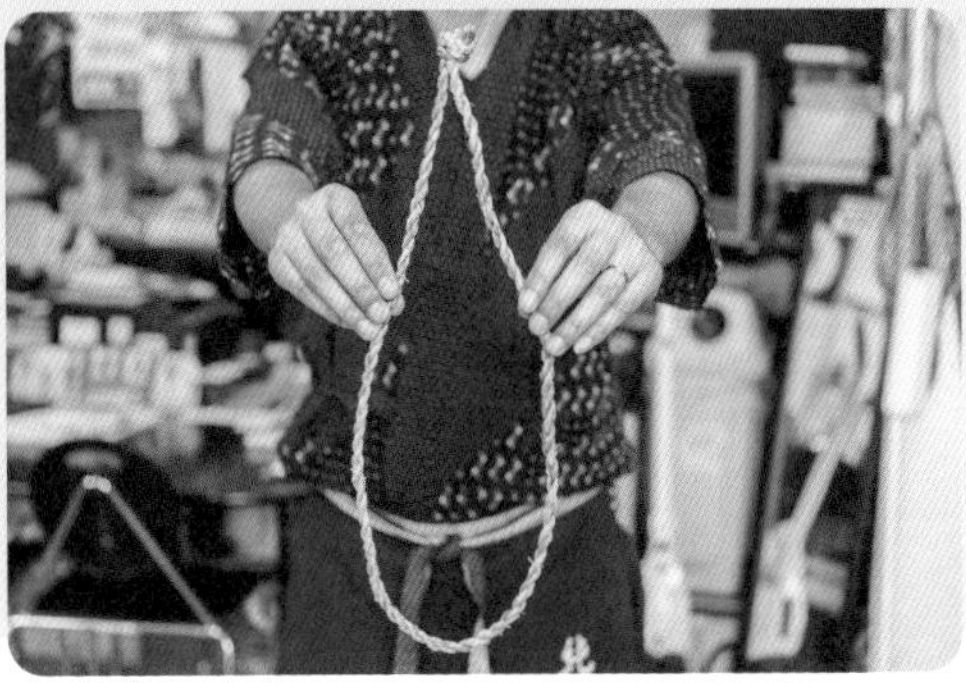

両端を一重に結び、輪っかにする。芯縄の完成。

できあがった芯縄は吊るして乾燥させておく。

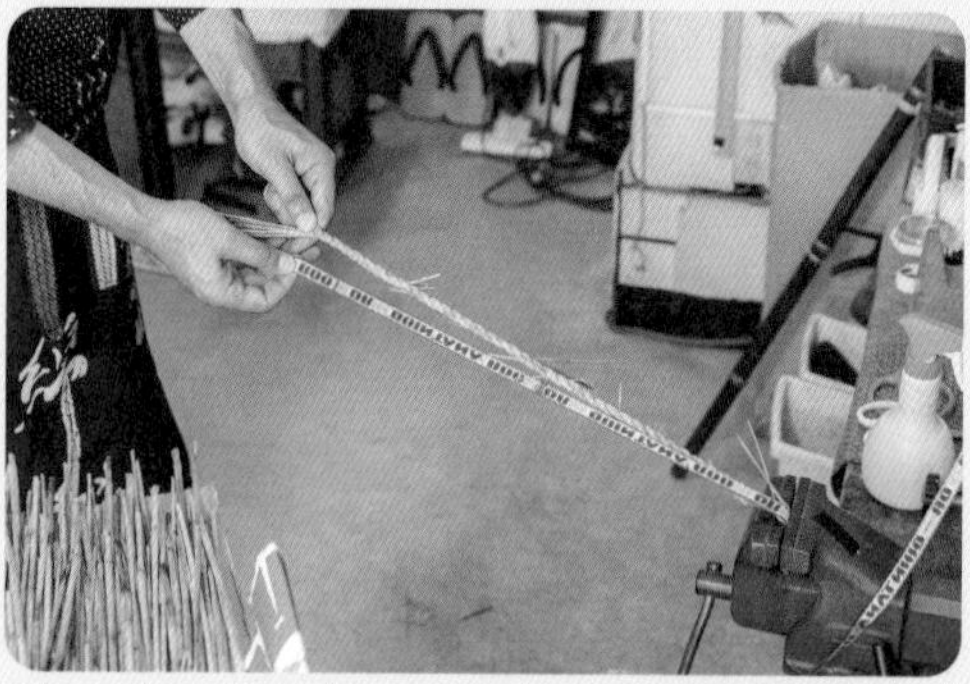

両端を少しあまらせて50cm(Mサイズ)の横緒を綯う。

4つの端をテープで巻き、写真のように麻ひもで結んでおく。

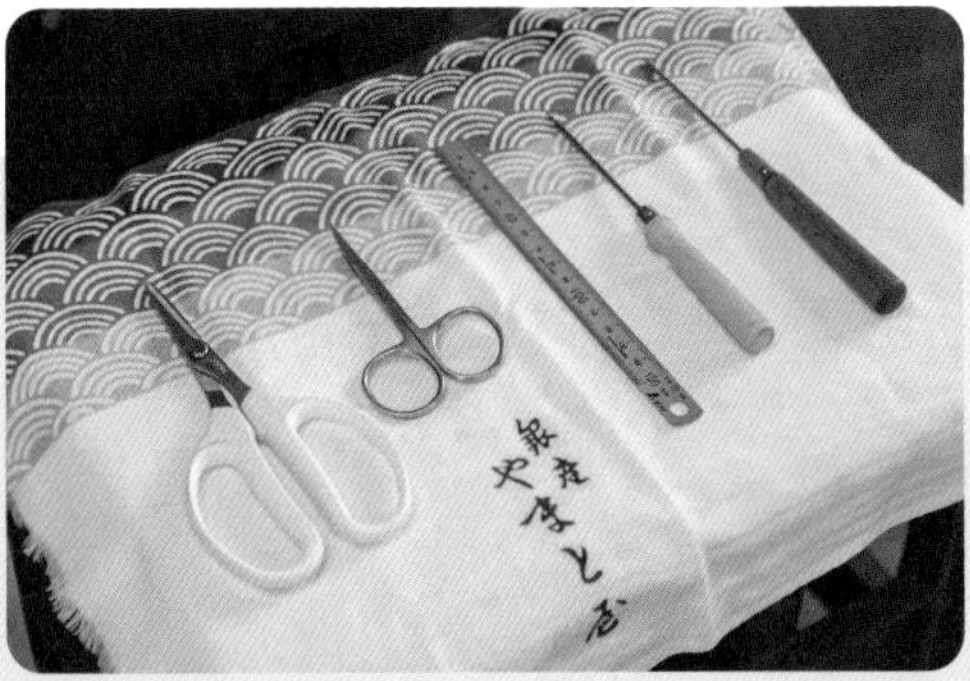

足半を編むときに必要な工具。

万力に挟んだジグが足の親指の代わりとなる。

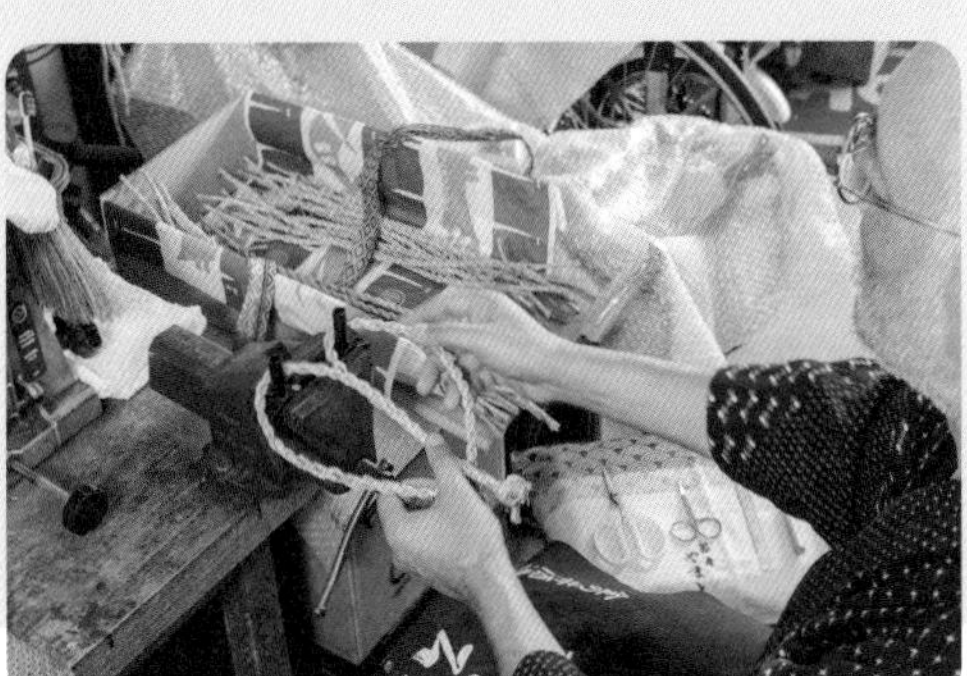

芯縄をハート型に整えてセットし、中心を見きわめる。

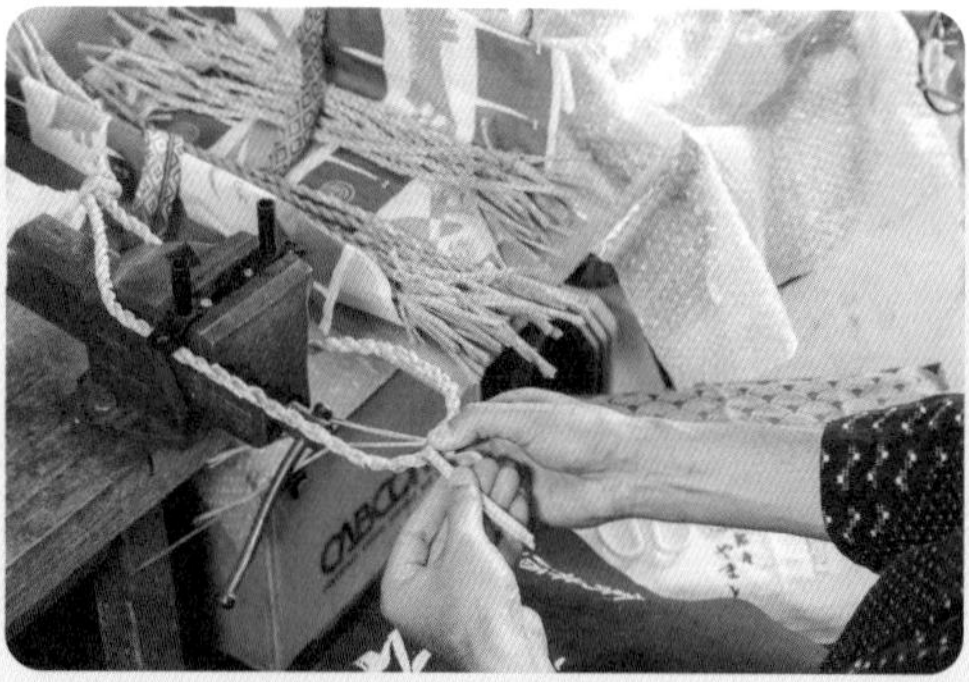

2本1組の編み藁を中心部分に2回巻きつける。

2本の縦縄を横縄の中心の向こう側へ据える。

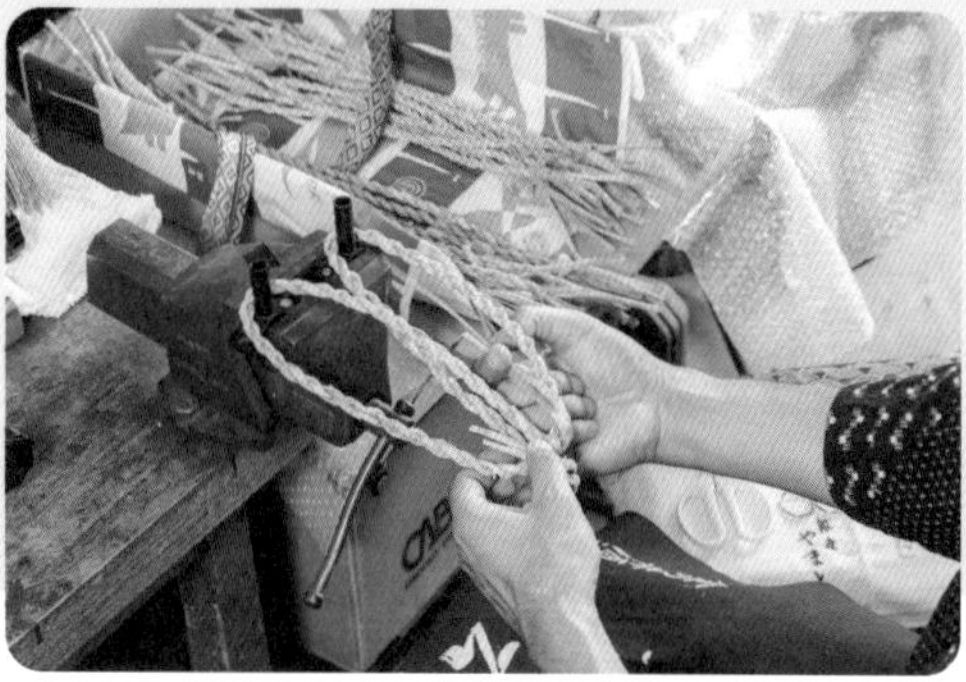

巻きつけた編み藁を指で押さえながら向こう側へ通す。

向こうで2本の縦縄をまたぎ、手前へもってくる。

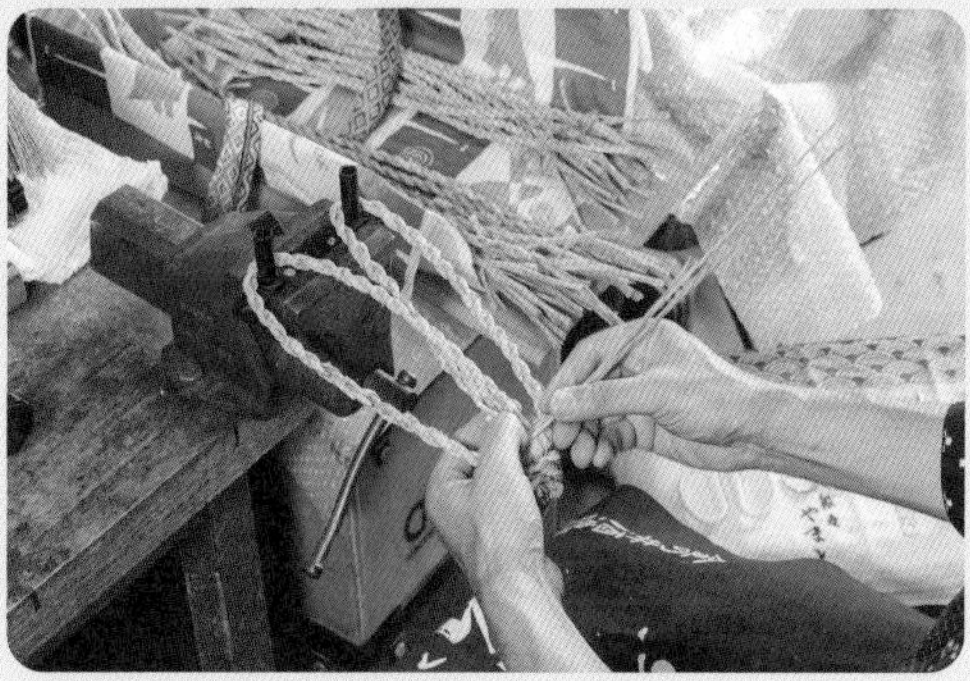

横縄に1周させてから、手前で縦縄2本をまたぐ

横縄に1周させ、もう一度向こうで2本の縦縄をまたぐ。

今度は手前から2本の縦縄の間に通し、手前に出す。

つぎの編み藁を縦縄の間に挟む。位置と向きに注意！

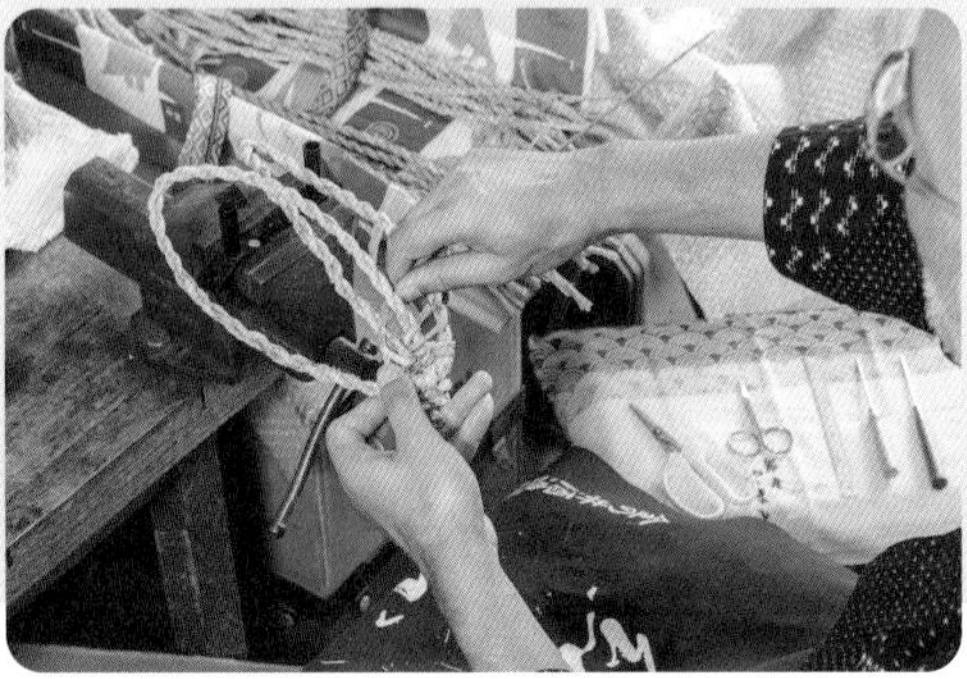

ここからはひと目ずつ芯縄に編み込んでいく。

台の先端が鋭角にならないように2組目を編み込む。

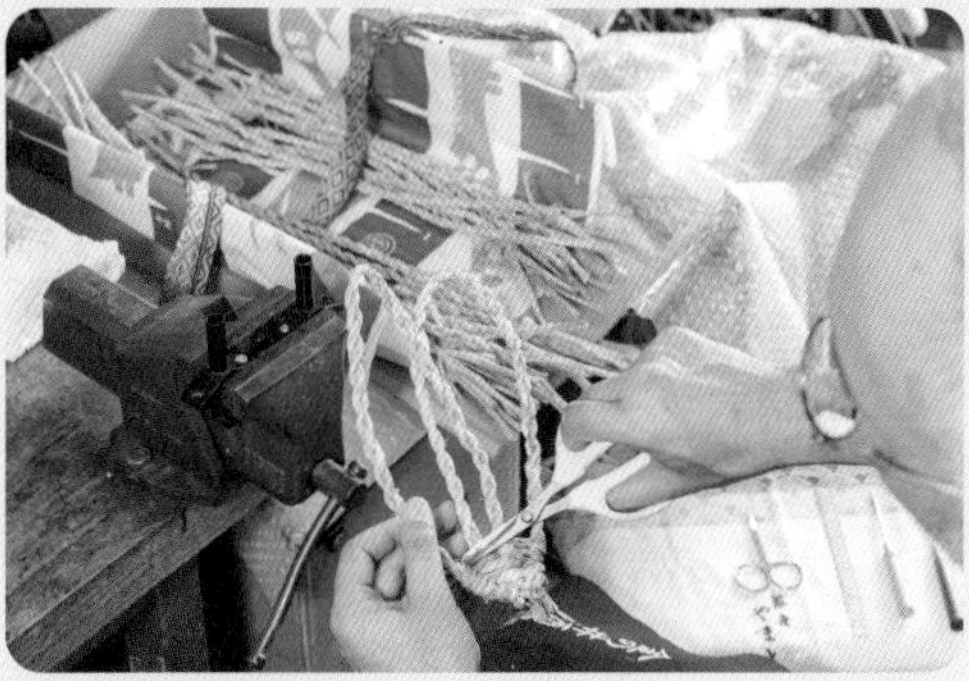

ここで、見やすくするために簡単にケバを切り揃える。

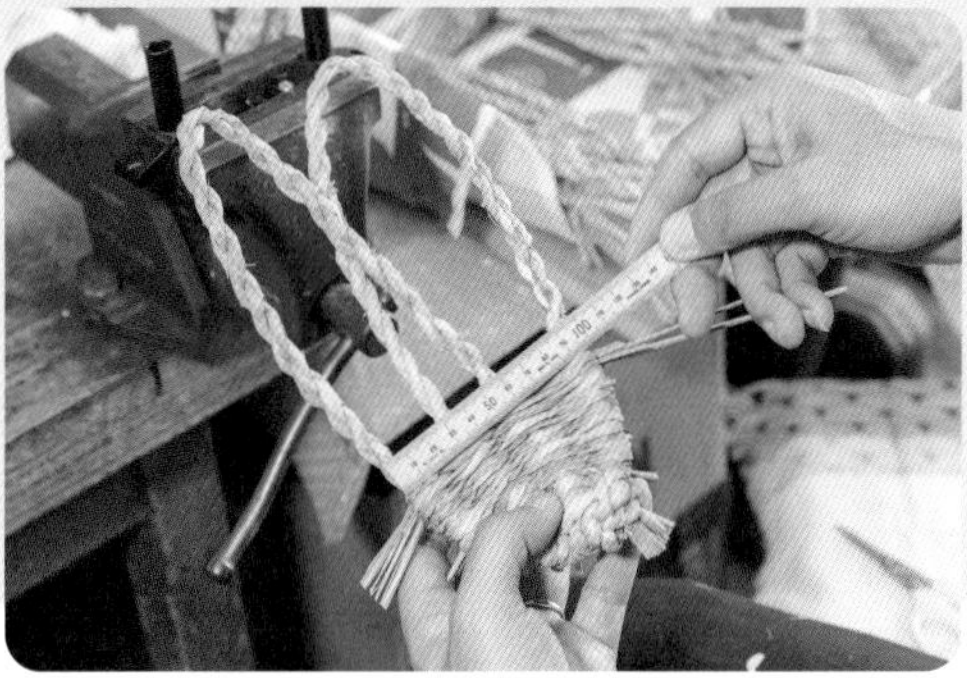

藁を手前に詰めながら10.5cmの幅になるように編み込む。

長さ11cmまで固く編み込んだら、藁を1組差し込む。

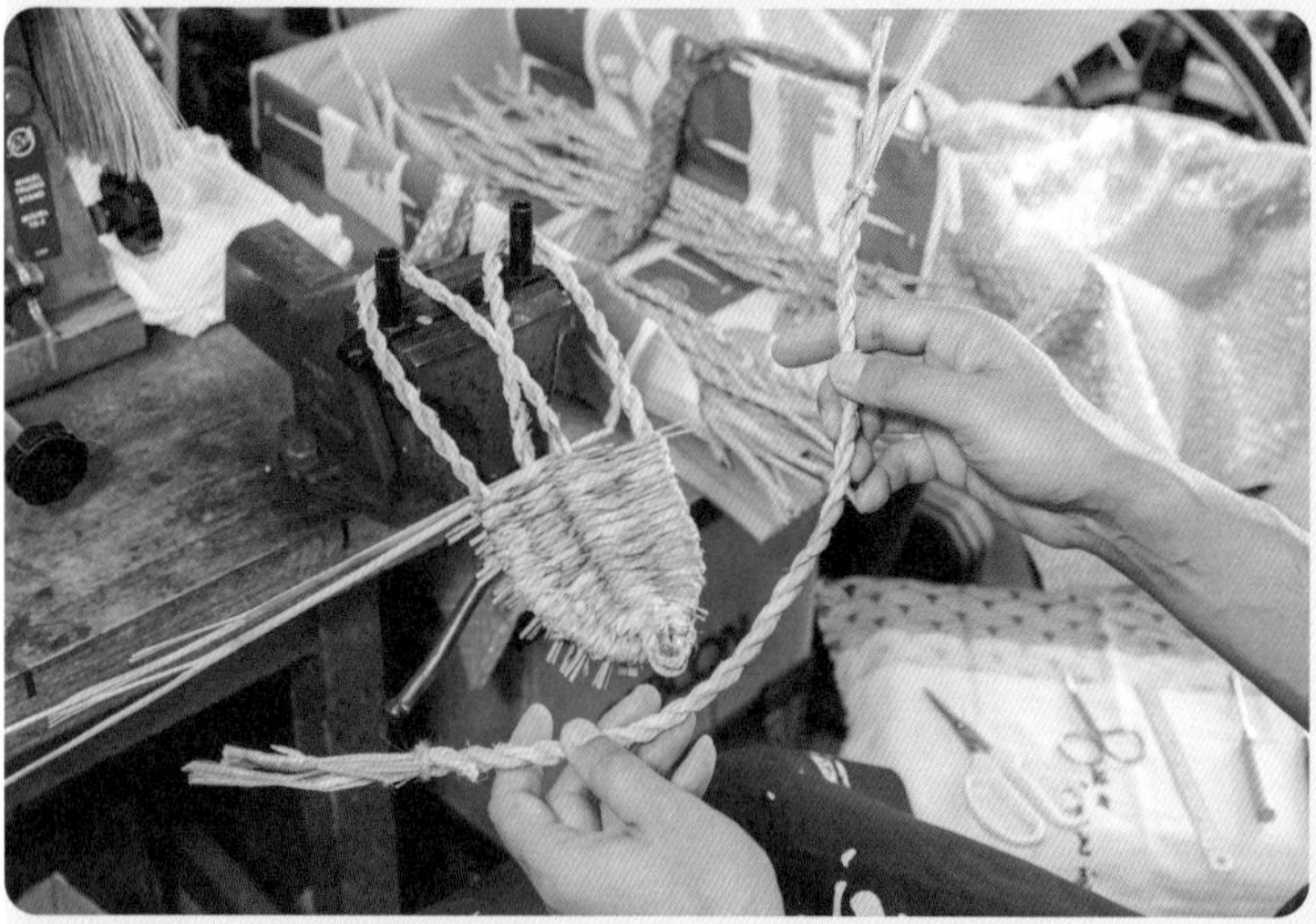

藁を差し込んだまま裏返してセット。横緒を用意する。

麻ひもをほどき、横緒の端をバラけさせる。

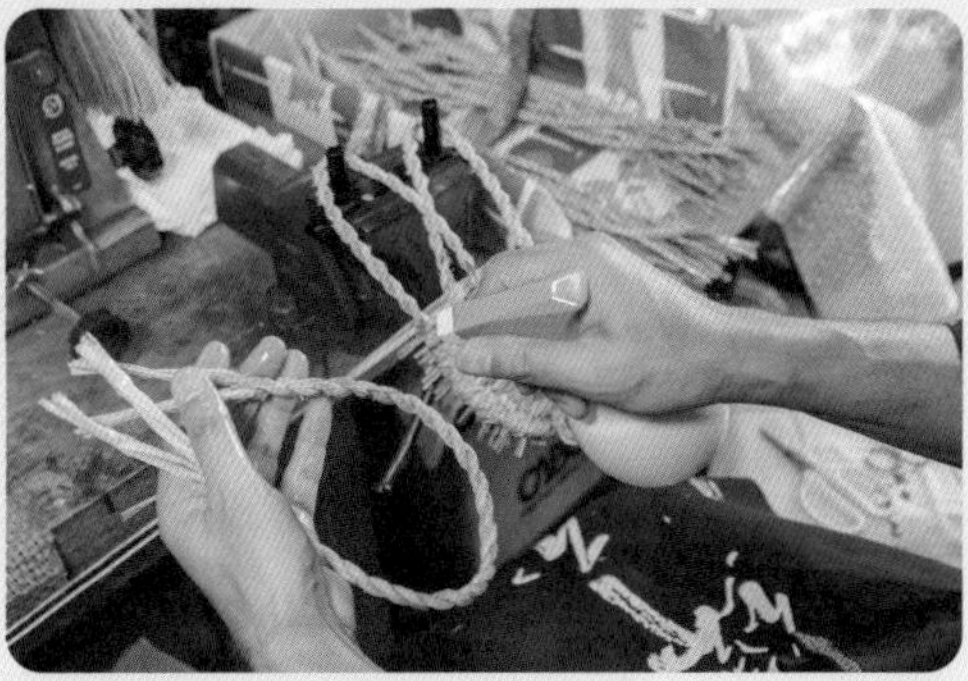

バラけさせた両端を霧吹きでよく湿らせる。

ほどいた縄の股で芯縄を挟み込むようにセットする。

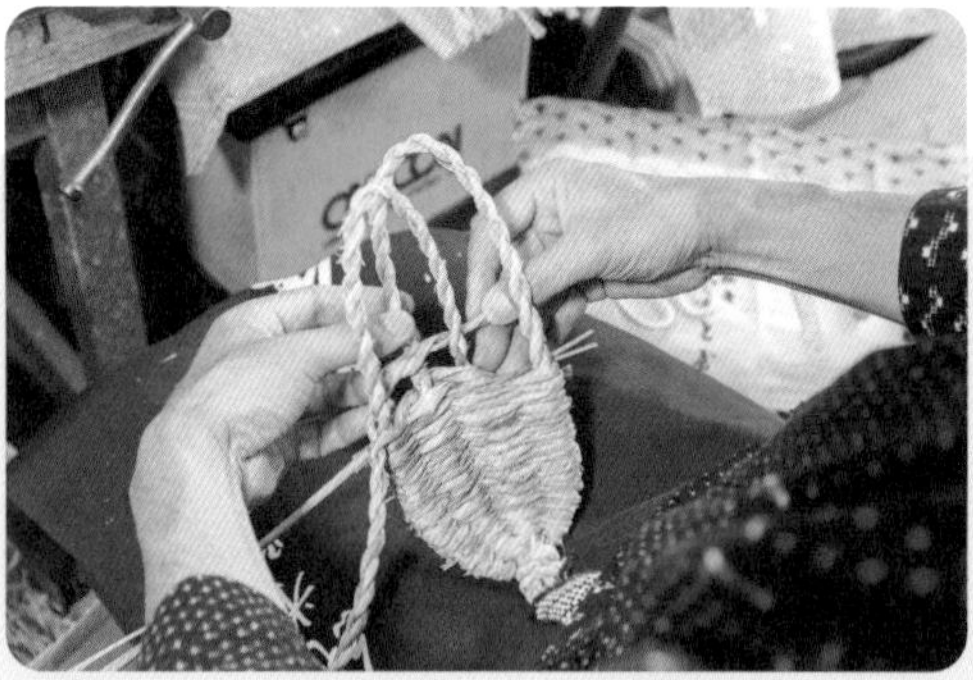

手前の端を編み込んでから、向こう側の端を編み込む。

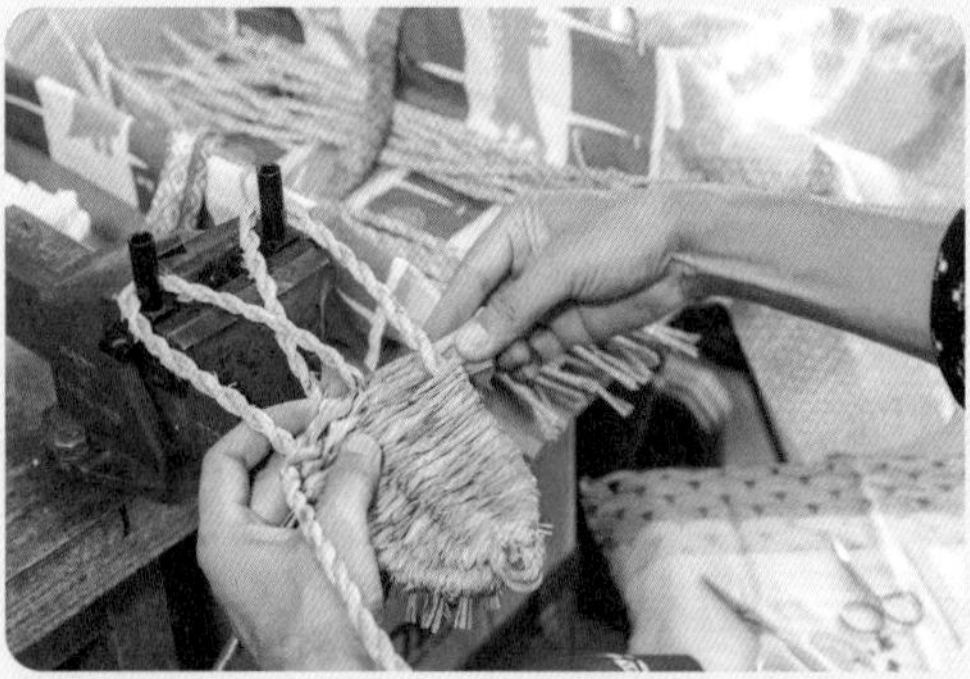

ゆるみのないように2つの端を軽く引っ張る。

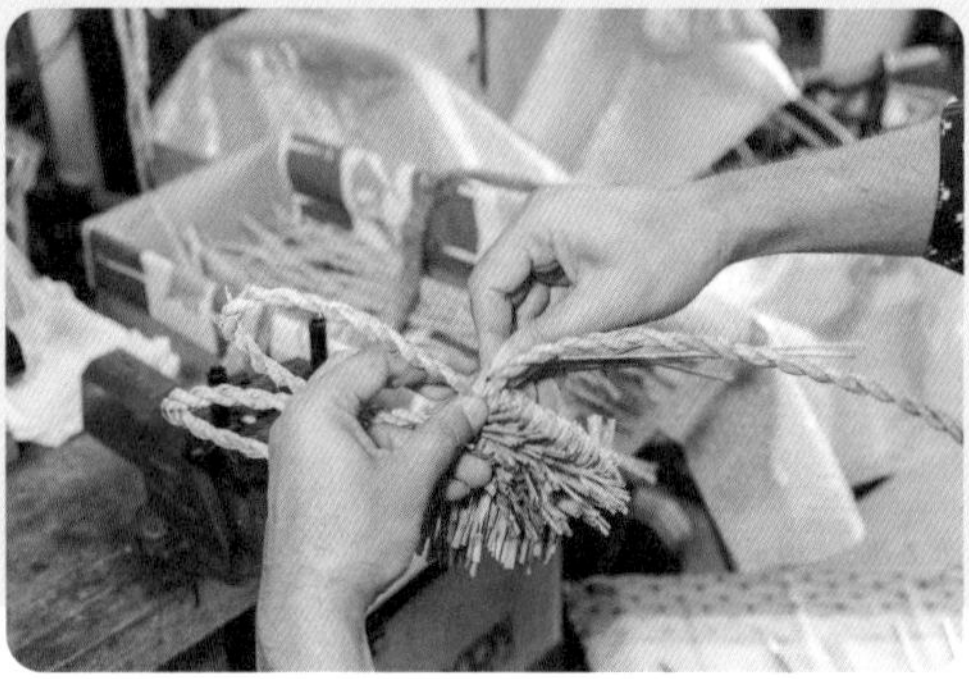

差し込んだ藁で横緒を1巻きし、そのまま1ターン編み込む。

再び裏返し、もう片方にも藁を1組差し込む。

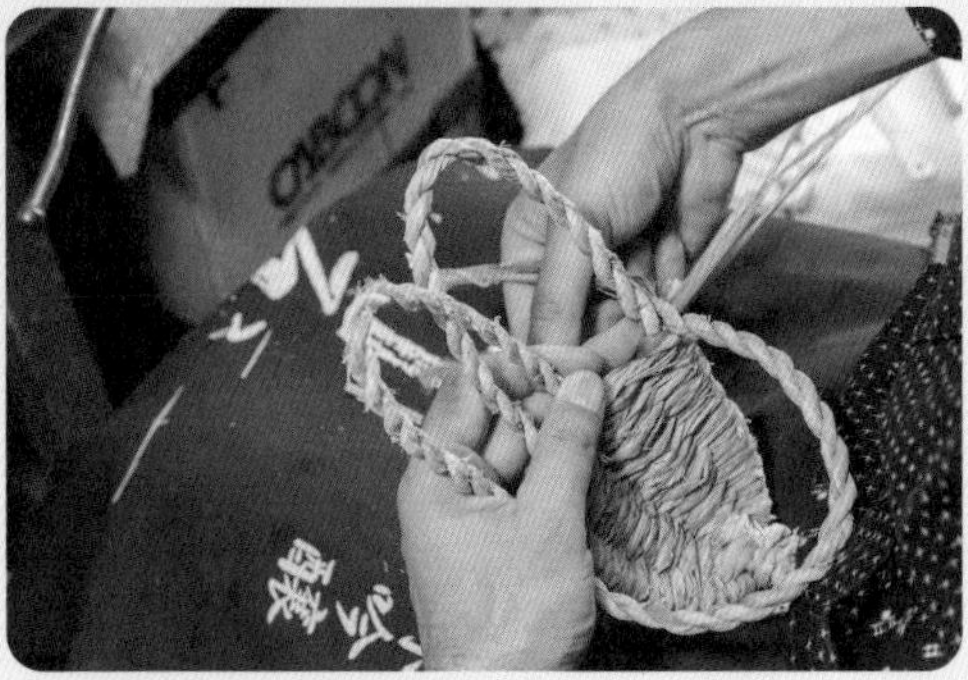

同様に横緒を編み込み、藁を1巻きして1ターン編み込む。

指でよく詰めながら編み藁を2～3組編み込む。

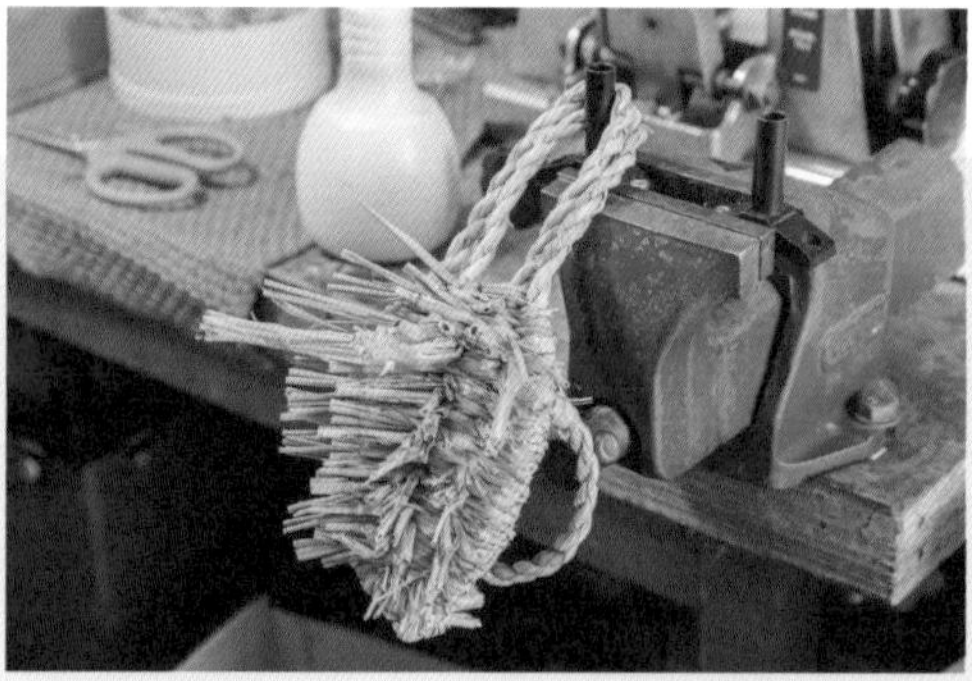

尻すぼみになるように7ターンほど編み込んだら終了。

テープで巻いた横緒の4端を引っ張り、ゆるみを解消する。

結んでいた芯縄の先端をほどく。

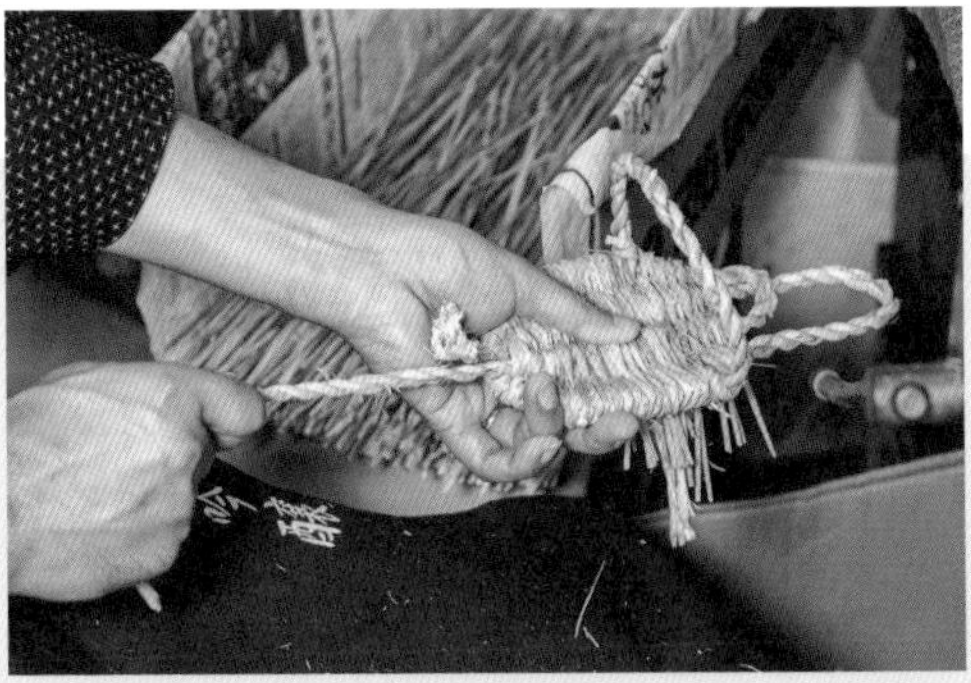

芯縄を慎重に引っ張る。絶対ブッちぎらないように！

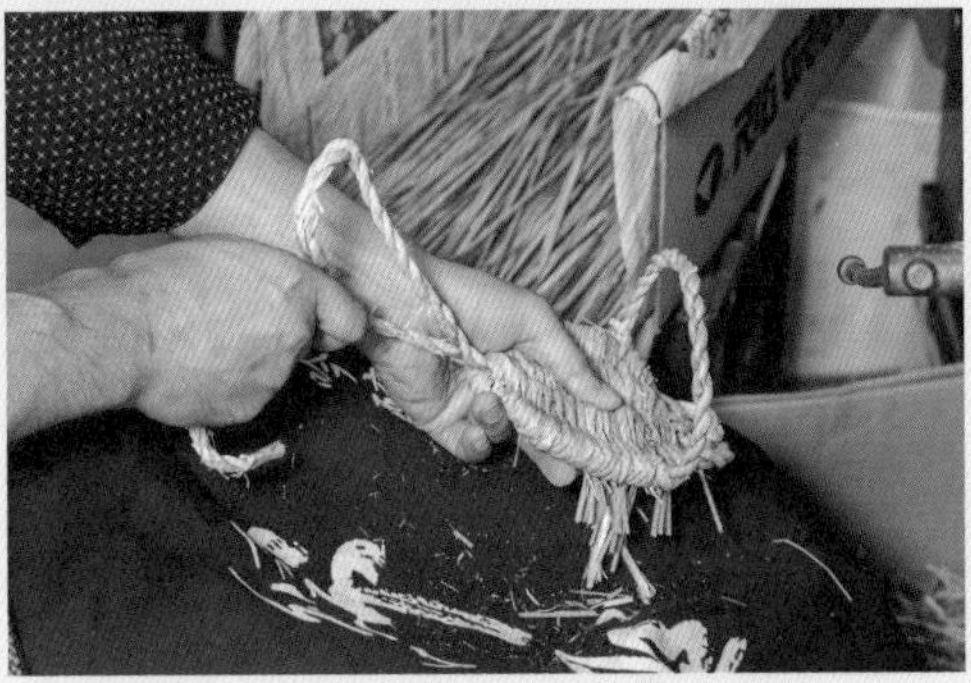

左右の芯縄を少しずつ引っ張りながらお尻の形を整える。

お尻の部分がきゅっと締まったら芯縄引きは終了。

斜め上から見て、はみ出しているケバをカットする。

裏側はこんな感じ。ケバを残したほうが長持ちする。

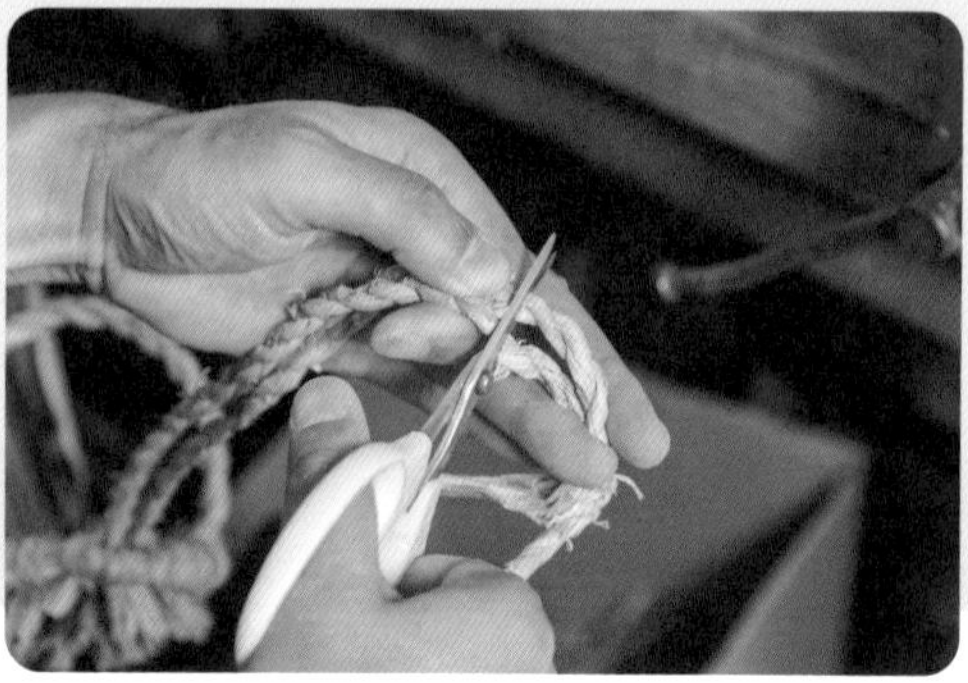

結び目部分だった芯縄の先端をカットする。

芯縄をバラバラにほどいたら、霧吹きでよく湿らせる。

よりを戻して、縄から元の藁の状態に戻す。

短い藁などを根元から切り、なるべくきれいな藁を残す。

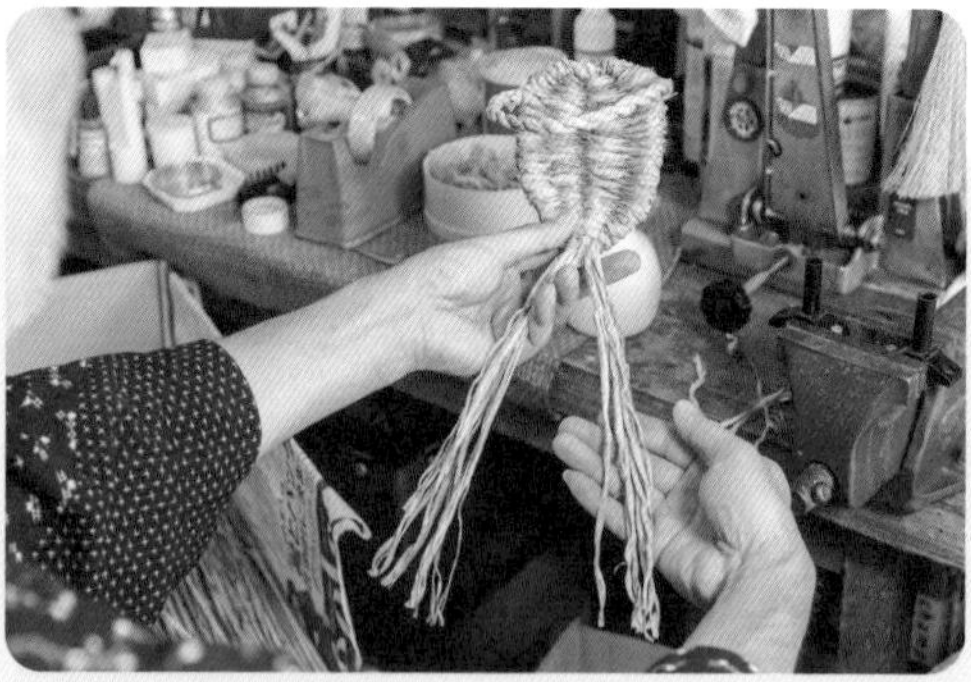

均等に2条の藁に振り分ける。

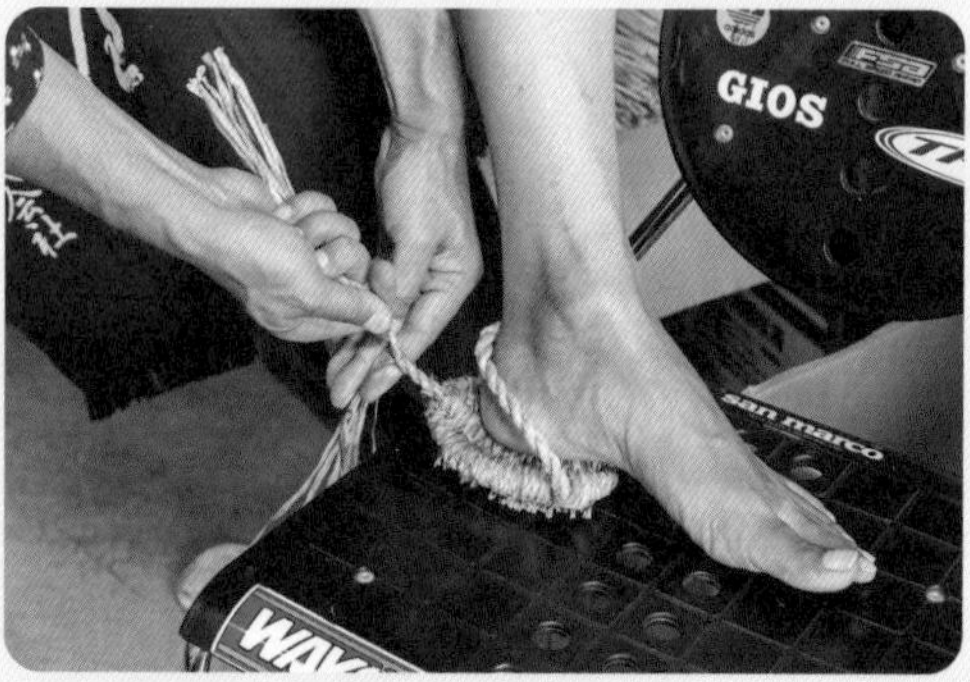

かかとで台を踏み、3回縄を綯い、鼻緒をつくる。

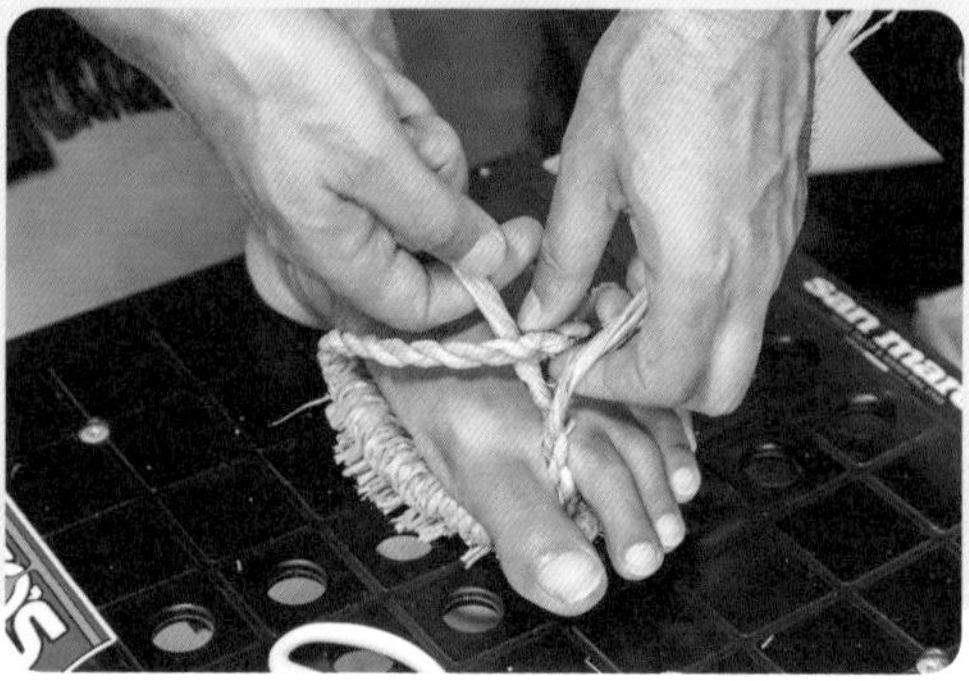

台に足を入れ、鼻緒を前後に振り分けたら横緒を挟み込む。

藁をよくねじりながら一重に結び、鼻緒の長さを決める。

最後にもう一度、一重に結び、鼻緒と横緒を固定する。

引き出した藁の両端を長めに残してカットしておく。

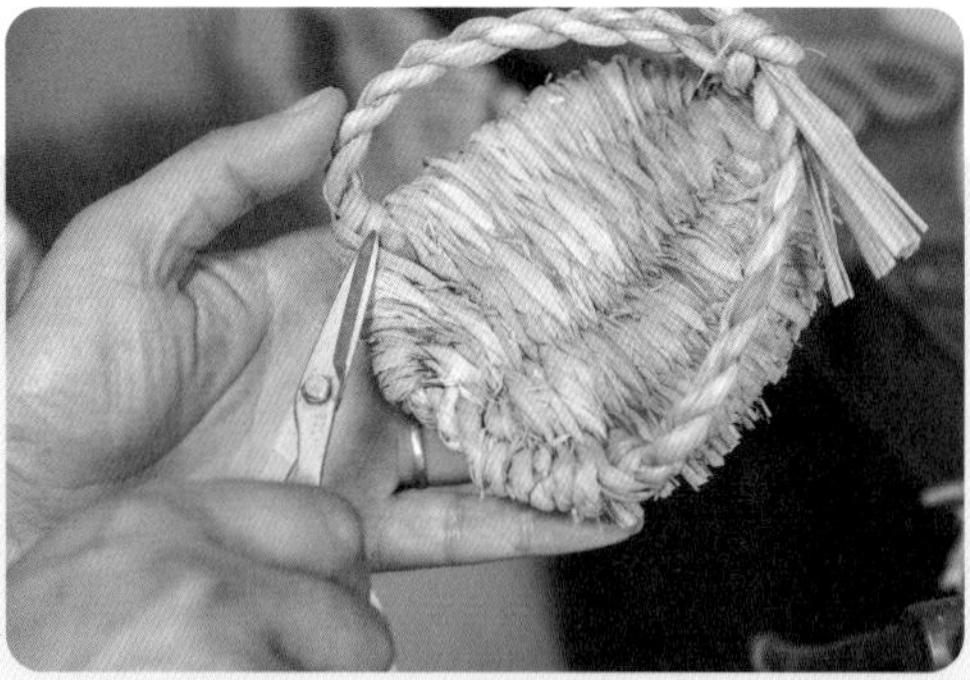

小さなケバや藁クズをていねいに取りのぞく。

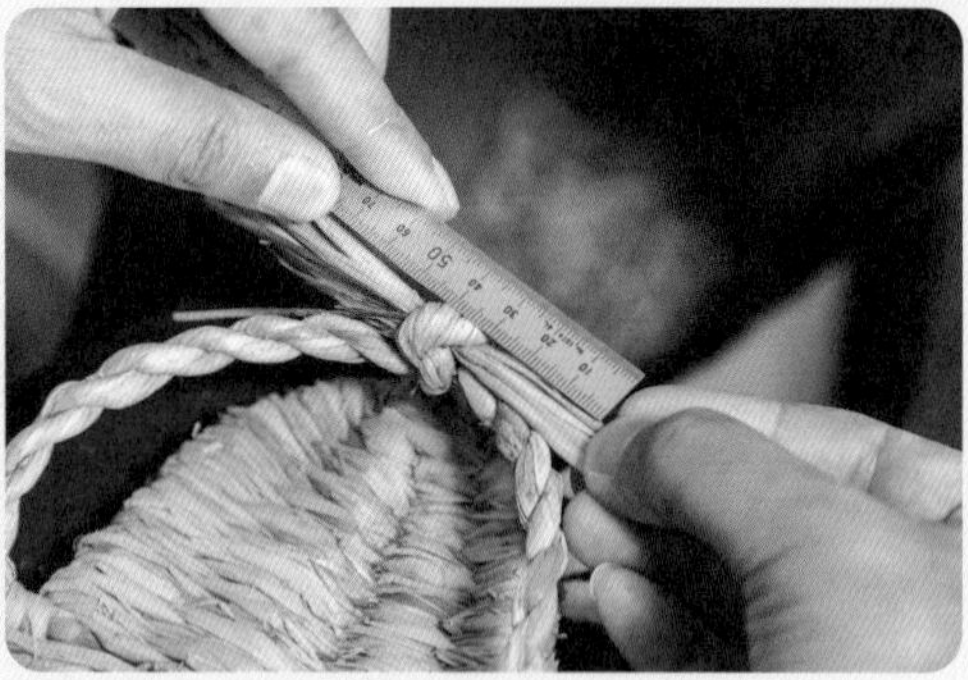

最後の仕上げ。角結びを3cm（Mサイズ）にカットする。

「箱根旧街道・石畳すぺしゃる」足半の完成！

ビーサン文化圏：茅ヶ崎・雄三通りでけつまづく東京人

私の店は、茅ヶ崎の「雄三通り」にある。

気候がよくなってくると、東京方面から、それほど多くはないけれど、観光客がやってくる。ここから五〇〇メートルも歩けば海なので、アイスクリームやジュースなどを片手に海を目指して歩いていく。

一〇年くらい前に、私の店の前の歩道に、市が補修工事を施した。そのときに、舗装とコンクリート製の雨水溝の蓋との継ぎ目に、たまたま一センチ足らずの段差ができてしまったようである。そのうちに、週末を中心に、たびたびそこで、ガツッと大きな音を立ててけつまづく人がいることに気づいた。まれに転倒まで到っているようである。私の店の前なので、当然、私も日に何度もそこを歩くのだけれど、これまで一度もけつまづいたことがない。妻も、知人も、常連客も、誰もけつまづかない。いったいみなさんどこでけつまづいているんだろうと、地面を見てみたけれど、はじめはよくわからなかった。そこで、しばらく、けつまづく音が聞こえた瞬間、できるだけ素早く目を向けるように心がけていると、やはりみなさん、同じところでけつまづいている。そうしてやっと、数ミリの、小さな段差の存在に気づいたわけである。

しかし、私と関係者をふくめて、ふだんから通勤や通学、買い物などでそこを歩いている「原住民」たちは、いっこうにけつまづかない。ダッシュで駆け抜ける小学生も、ふざけあっている中学生もけつまづかない。不思議に思って、しばらく観察と研究を続けていると、ある結論にたどり着いた。

それは「茅ヶ崎人」は、東京方面からやってくる観光客たちに比較して「かかと着地」のクオリティが低いということである。言い換えれば極端なかかと着地の人が少ないということである。極端なかかと着地の人は、かかとを、より遠くに着地するために、足の振り下ろし動作のときに、必ずつま先が下を向く。そのまま身体の真下を通過したあと、まるでサッカーボールを真上に蹴り上げるようにつま先を振り上げ、その反動を利用して深くかかとを着地させているのである。

そのつま先が真下を向き、体の重心の下を通過するセクションのときに、そこに段差があると、つま先が引っ掛かるわけである。ちょうど重心の真下でのことなので、ちょっと足を払われた感じになって、おっとっと……と、いきおいあまって数メートル、前方へ飛ばされてしまうのである。でも、つま先がちょっと引っ掛かっただけなので、すぐに片方の足でバランスを取ることができるから、よほど高齢な人でもないかぎり、転倒までには到らないわけである。

よく見てみると、東京方面からやってくる観光客のつま先のクリアランスは非常に小さい。本人たちはまったく気づいていないのだろうけど、地面から数ミリ……ギリギリのところを通過していく。これは私たちにもいえることで、駅の階段などを上るとき、はじめの数段を上ると、身体は勝手にその段差をインプットして、あとはオウトマティックに足が出てくるようになっている。でもそれは、経験上、その階段がすべて同じ段差で造られていると知っているからである。

とある神社の石段に、ひとつだけ、ちょっとだけ高い段差があって、みんなそこでつまづくという映像をテレビで見たことがあるのだけれど、まさにそれである。でも、私はその映像を見たとき、昔の人が「ぜんぶ同じ段差だと思って油断召さるな」というメッセージを送ってきているのだと理解した。

もちろん、そんな凄いかかと着地で歩く人たちの足もとは、もれなくたっぷりクッション材の入ったスニーカーに彩られている。ところがである。「茅ヶ崎人」は、一年の半分をビーサンで暮らしている。そもそも靴とか靴下というものがあまりお気に召さないようである。そんな茅ヶ崎人は、ふだんからがっつりかかとを着地して歩かない。ビーサンでそんな歩き方をすれば、かかとが痛いにきまっているからである。したがって、常につま先のクリアランスにもよゆうがある。だから、けつまづかないのである。

ビーチサンダルの起源は、戦後まもなく日本にやってきたアメリカ人が、日本の草履から着想を得て開発。それが後年、逆輸入されたものであると聞く。二一世紀になってもなお、無意識にかかと着地に抵抗を続ける茅ヶ崎人。そんな人びとの暮らす町で、私が足半をつくりはじめたのも、もしかしたら偶然ではないのかもしれない。

第3章

先祖返りする肉体と魂

RETURN TO THE OLD JAPANESE´BODY AND SOUL

日本人のあるべき姿勢

足半を履いて立つと、ほとんどの人が自然に、日本人が本来あるべき姿勢へと導かれていく。つま先を閉じ、膝をゆるめ、骨盤を後傾させ、猫背になり、肩甲骨を前方にスライドさせ、頭を前方にオフセットさせる。足半にはかかと部分がなく、足指がすべて外に出てしまっているがゆえに、そうしないとバランスが取れず、後ろにひっくり返ってしまいそうになるからである。

ところが、これは、現在常識としてまかり通っている正しい姿勢とは、ほぼ正反対になってしまっている。現代人が信じている正しい姿勢は、一五〇年前、明治維新とともにわが国に移入された文化だが、三〇年以上日本で暮らしているエバレット・ブラウン氏によれば、どうも日本人が信じている正しい姿勢とは、外国では軍人や教師に特有のものであって、そういう姿勢の人を見たら「生真面目な人」という印象を持つのだという。

ようするに、わが国の為政者や文化人たちは、その当時に頻繁に会う機会の多かった軍人や教師の姿勢を、外国人の姿勢の典型だと思い込み、それとは正反対の姿勢をしている同胞を恥じ、鹿鳴館や学校教育などを通じて、間違っていなかった日本人の姿勢を徹底的に廃棄してしまったのである。

事実、当時の外国人たちは、日本人の姿勢をかっこ悪いとは思っておらず、むしろ、素晴らしい自国の文化・風俗を否定しようとする若い知識人たちを戒めている。

かかとに荷重していないからこうなる。

昔の日本人って、みんなこんな姿勢だった。

「背すじピーン」が諸悪の根源

「背すじの伸びたよい姿勢」これこそ一五〇年間にわたって、私たち日本人の身体、あまつさえ精神をも蝕んできた呪縛である。

背すじピーンでいるためには、つま先を開いて、かかとに体重を乗せ、膝をまっすぐに伸ばし、胸を張って肩甲骨を後方に追いやり、胴体の上に直接、ドカッと頭を乗せなければならない。このような姿勢でいると、筋肉を使わなくていい。楽である。しかし、重たい頭や体重は、骨格で支えなければならない。

骨と骨の間には「椎間板」や「半月板」といったコラーゲン様の「弾性線維」でできたクッション材が挟まっている。ところが、この弾性線維という組織は喫煙や老化によって劣化してしまうと、事実上、その人生のうちで回復することはないと言われている。

にもかかわらず背すじピーンでいれば、ましてや体重が増えでもすれば、ますます弾性線維は削れ、いずれなくなってしまう。骨と骨との間にクッション材を挟むことはできないので、靴のかかとにモリモリッと新素材を突っ込むという商売が成立する。

ちなみに外国であっても、伝統的な革靴やハイヒールの底は硬い革やゴムが貼られていて、下駄や草履とたいして変わらない。外国人だってちゃんと筋肉を使って骨格を守っているのである。なぜか日本人だけが一五〇年前に変な姿勢を覚えてしまい、その間違いに気づかぬまま、間違った方法で骨格を守ることに腐心しているという有様なのである。

こんな姿勢の人に何が産み出せるんだろう?

ハイヒールの機能を再評価してみませんか?

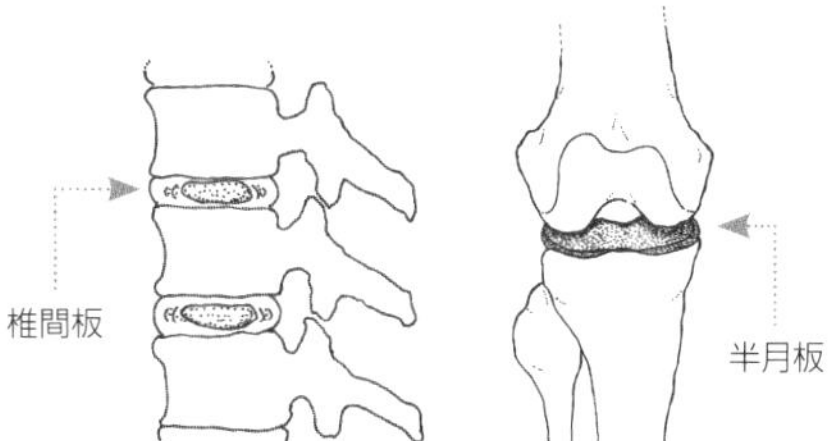

半月板も椎間板も一度壊れたらおしまい。

三つの末梢のインナーマッスル

はじめて足半を履いて立つと、足半にはかかと部分がないので、後ろにひっくり返りそうになる。すると、バランスを取るため、自然と足の親指の付け根の「母趾球《ぼしきゅう》」のほうへと体重が移動し、つま先が閉じる。

また、すべての足の指が台の先に出てしまっているので、まるで産まれたばかりの赤ちゃんのように、無意識に台のへりをつかもうとする。すると、ふくらはぎの「腓腹筋《ひふくきん》」や「ヒラメ筋」のさらに奥にある「長趾屈筋《ちょうしくっきん》・長母《ちょうぼ》趾屈筋《しくっきん》・後脛骨筋《こうけいこつきん》」といった「三つの末梢のインナーマッスル」が発動する。

その状態を足の裏から見てみると、肉球のある犬や猫の足とよく似ている。そう。足半を履くことで、靴を履いて堕落し切った私たちの足が、とりあえず、見た目だけかもしれないけれど、赤ちゃんや犬や猫のレベルまで立ち戻ることができるのである。

そして、これら「三つの末梢のインナーマッスル」こそ、私たちを本来あるべき姿勢へと導くきっかけとなる「メインスイッチ」であって、ここをONにしていないのに、いくら身体の上のほうをいじってみても、結局は元の木阿弥。時間とおカネだけが虚しく消えていってしまうのが必定《ひつじょう》、なわけである。

メインスイッチが入ると、自動的に膝がゆるみ、骨盤が後傾する。すると、脊椎のS字カーブがゆるくなり「よい猫背」となる。頭と肩甲骨が前方に移動してくる。最終的に、手の甲が前方を向いていれば完成である。

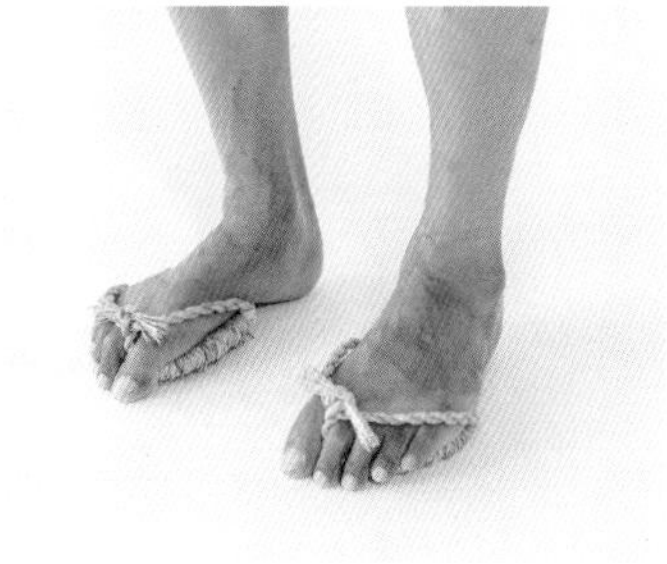

足半だと、反射的に台のへりをつかんじゃう。

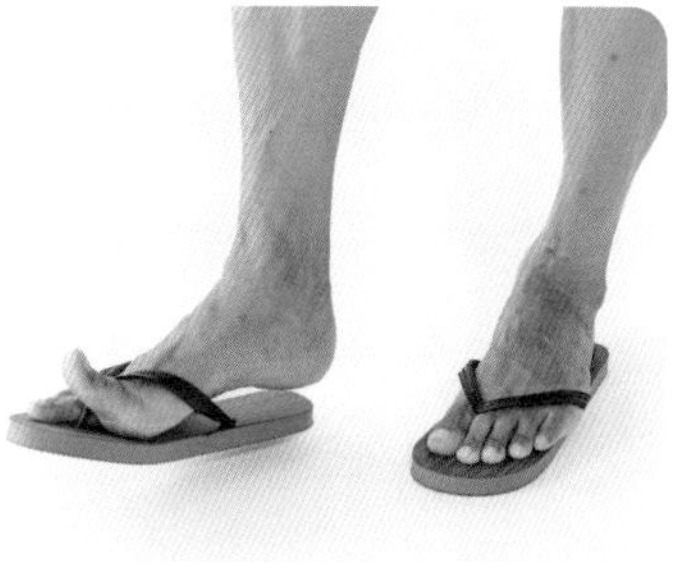

ビーチサンダルなどの台のへりはつかめない。

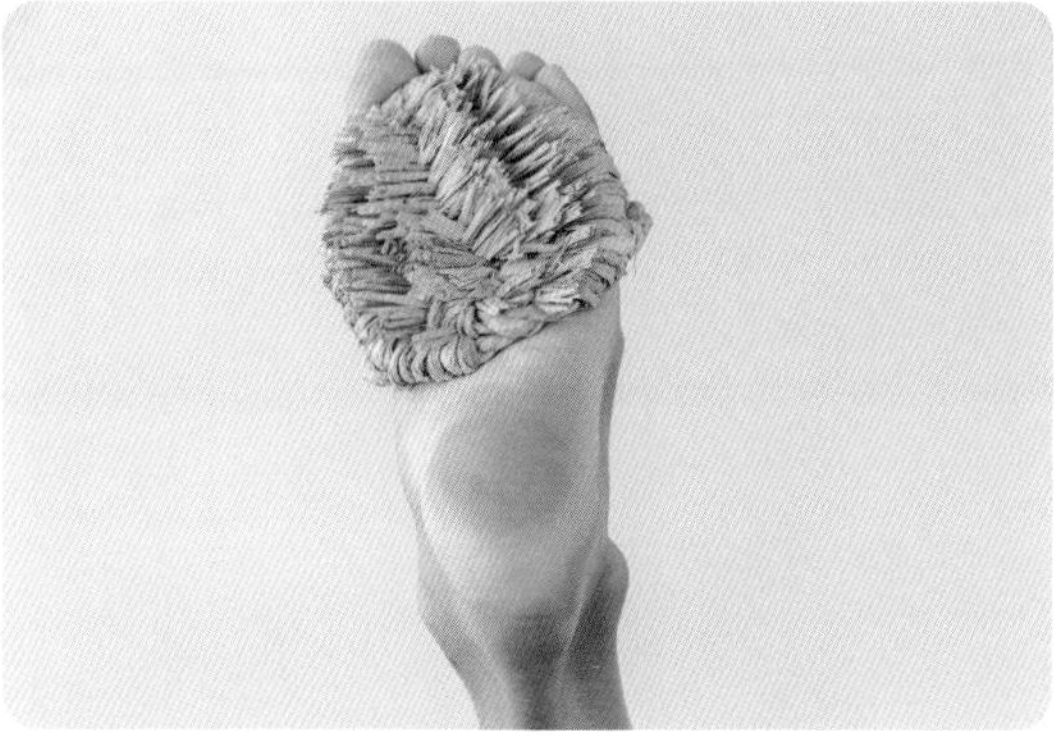

裏から見ると、犬や猫の足の裏とよく似てるよね？

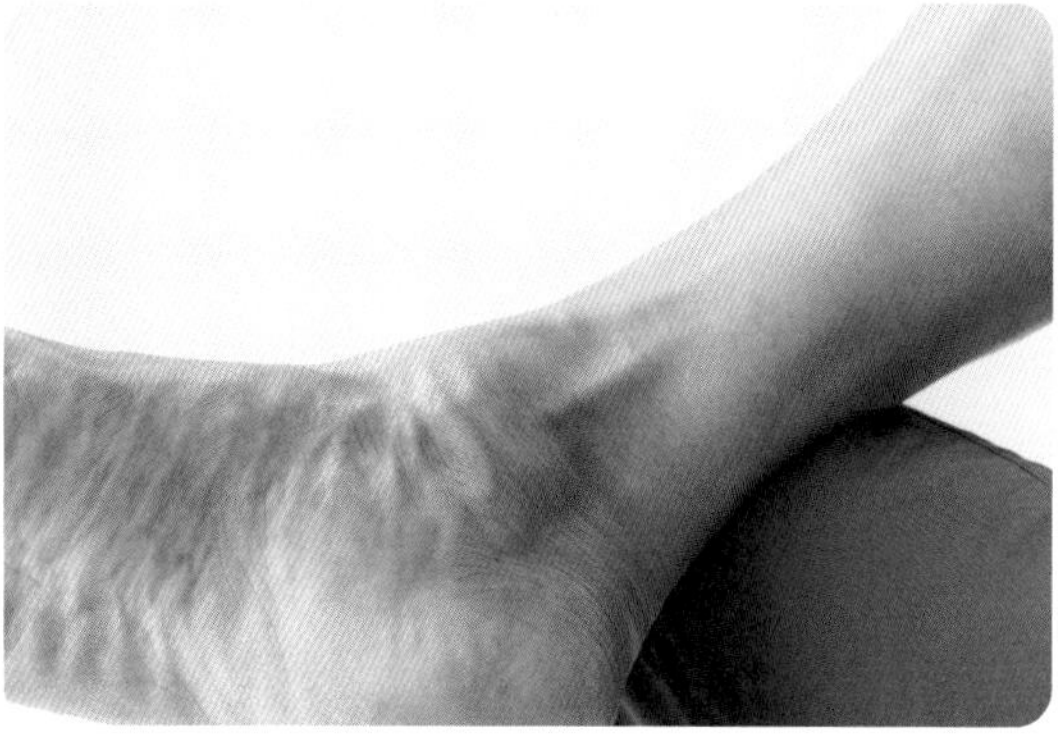

くるぶしの上に見えるスジが後脛骨筋の腱。

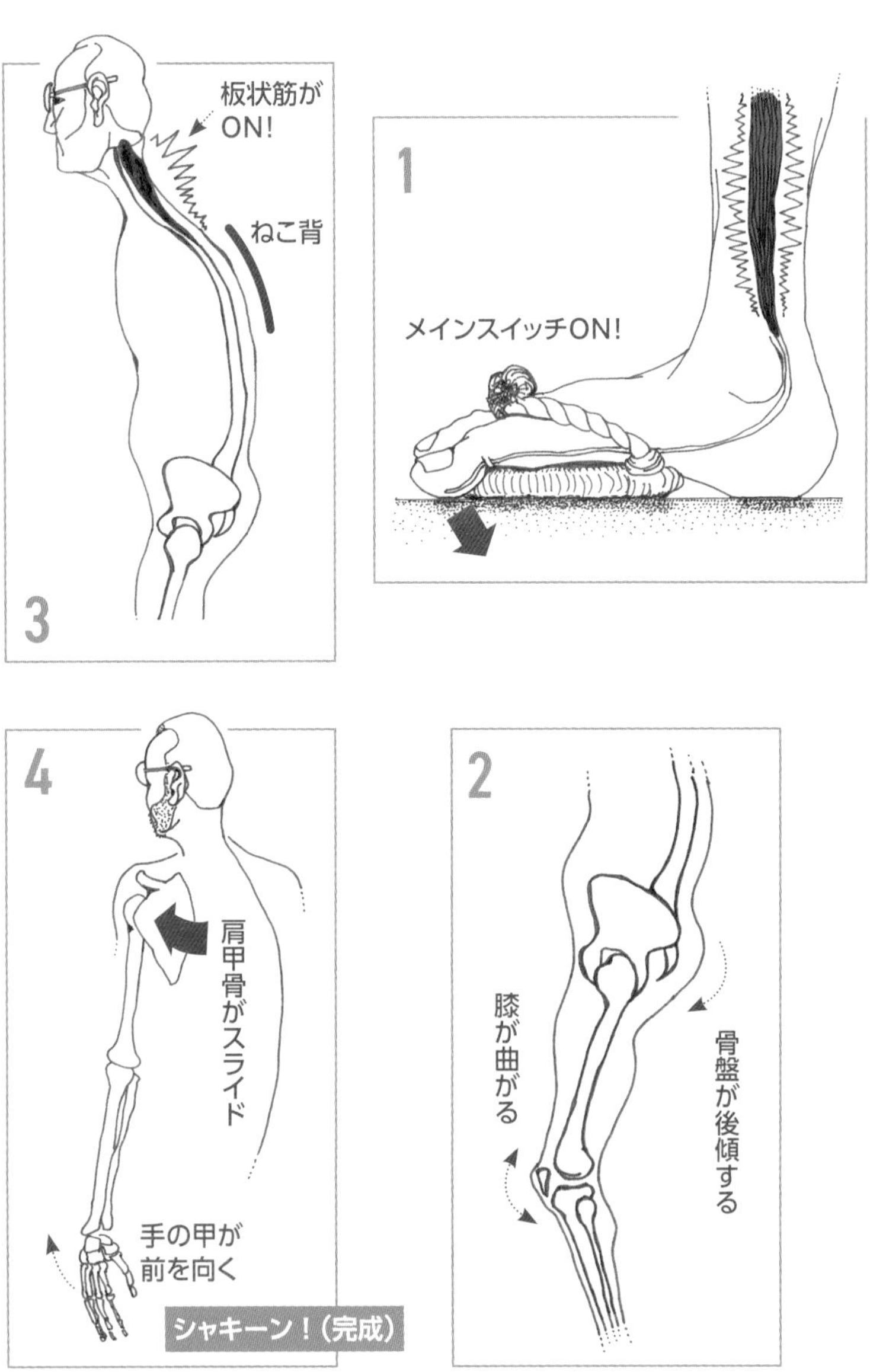
1
メインスイッチON!
2
膝が曲がる
骨盤が後傾する
3
板状筋が
ON!
ねこ背
4
肩甲骨がスライド
手の甲が
前を向く
シャキーン！（完成）

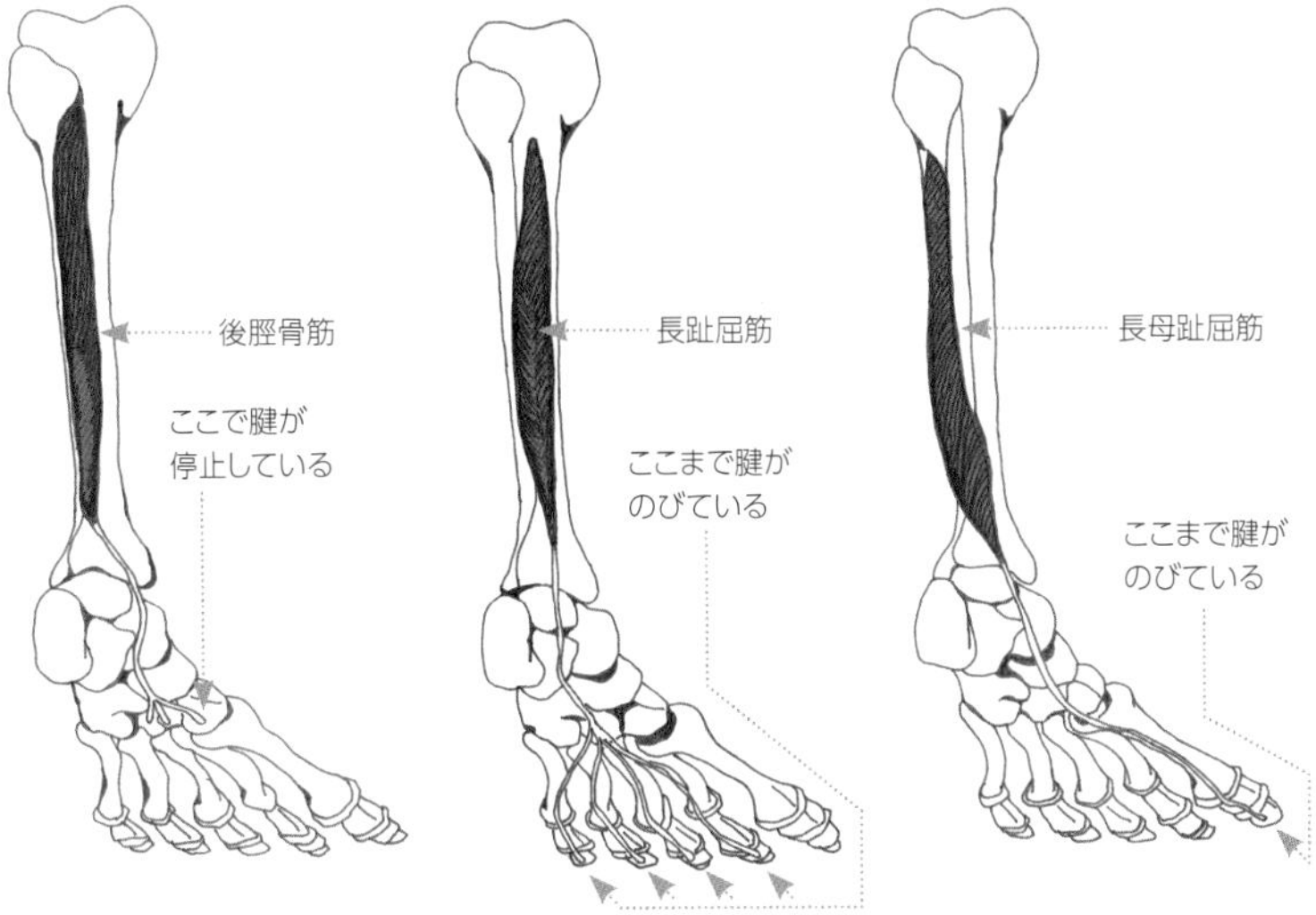

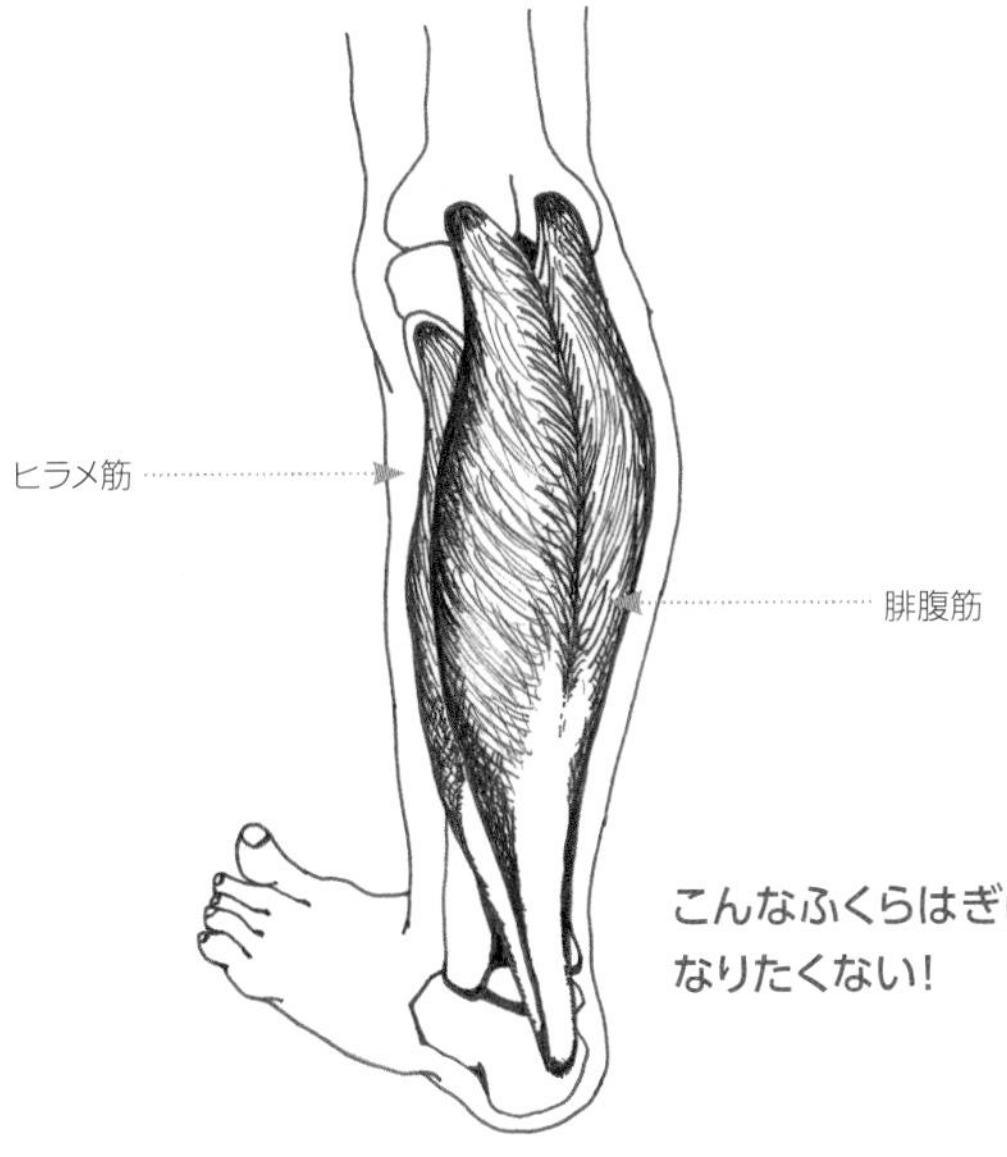

**こんなふくらはぎには
なりたくない!**

腹筋は六つに割らずに一つにまとめよ

「腹が固くちゃ戦はできぬ」

これは私がつくった格言であるが、ご多分にもれず私も、腹筋が六つに割れているほうが絶対にモテるはずだと信じ、腹筋のトレーニングに励んでいた時代がある。

ところが、足半と出会い、多くの知見が蓄積されていくにつれ、人を見る「眼」が変わってきた。すると、これまで単に「ちょっと腹の出ているオジさん」だと思っていた人たちの中に、とんでもないバケモノが隠れ潜んでいることがあるということに気づいてしまったのである。そしてついに、なぜ仏像や武術の達人、レジェンドやカリスマと呼ばれる漁師、農家、職人の四肢や、首や、顔があんなにも研ぎ澄まされているのに、腹筋がゴリゴリに割れていないのかという理由も説明できるようになったわけである。

達人たちは「メインスイッチ」が入ると、ハムストリングスや中臀筋をよく使い、大腿四頭筋や大臀筋はあまり使わない。そして、上半身では広背筋をメインに使い、大胸筋や上腕二頭筋はほとんど使わない。そうじゃないと長時間のハードな仕事をこなすことができないからである。ところが、このときに腹筋に力が入っていると、下半身と上半身の筋肉の橋渡しをしている、もっとも重要なインナーマッスルである「大腰筋」が発動せず、上半身と下半身が分断されてしまう。ゆえに達人たちは、あえて腹筋を「全リリース」するという技を会得しているのである。

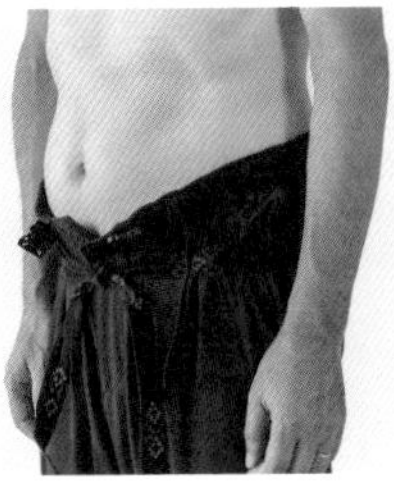

イタリアじゃ、ウエストの細い男は
モテないんだってよ。

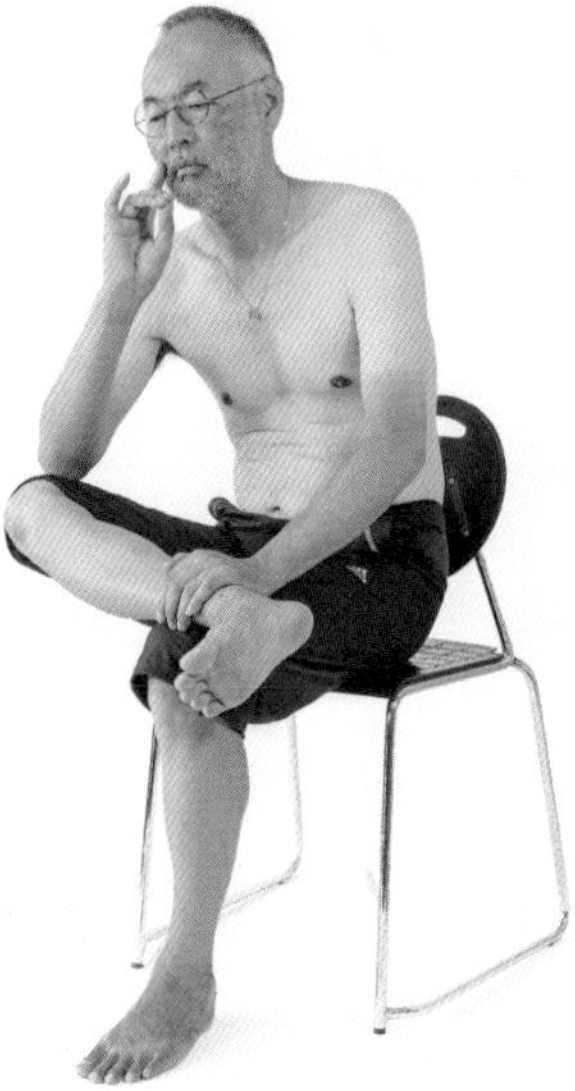

飛鳥時代の名作「半《はん》跏《か》思《し》惟《ゆい》像《ぞう》」をやってみました。

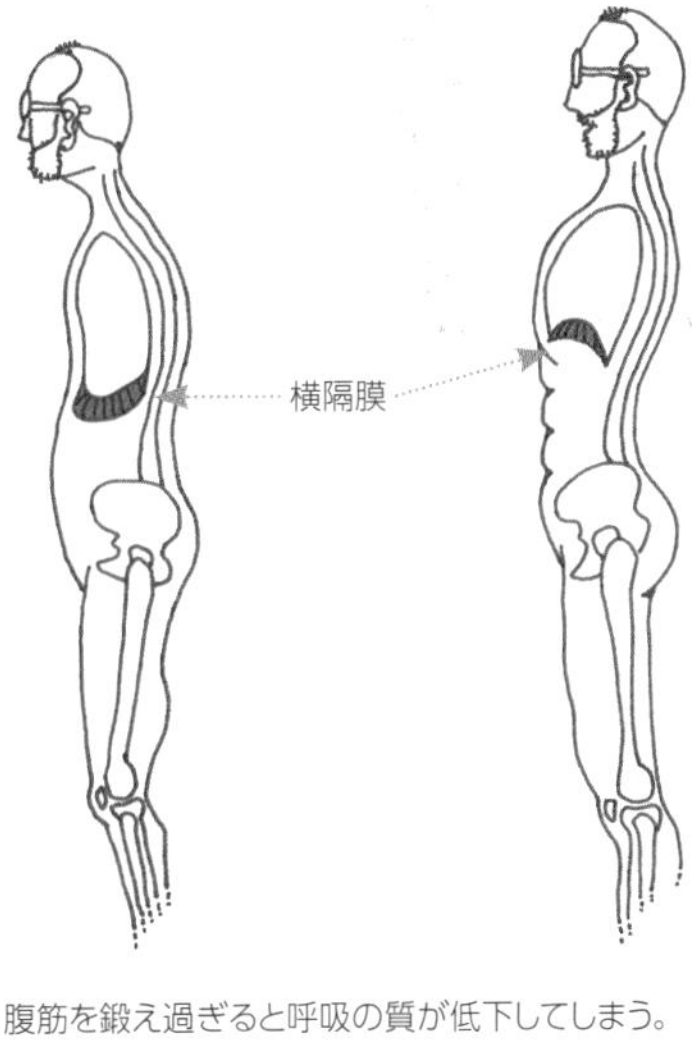

腹筋を鍛え過ぎると呼吸の質が低下してしまう。

GOD'S WILL EVOLUTION

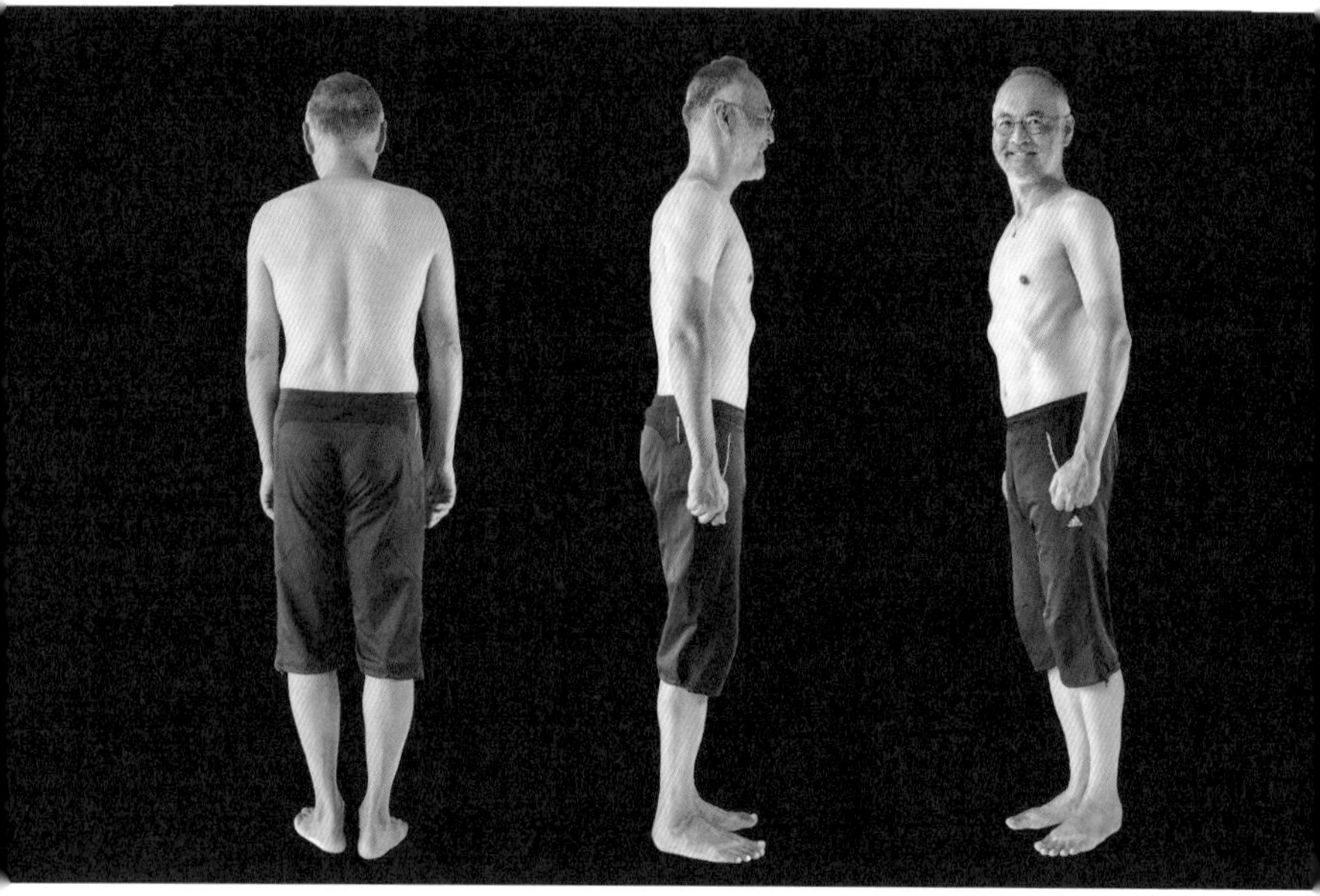

WRONG EVOLUTION

RETURN TO THE OLD JAPANESE'BODY AND SOUL

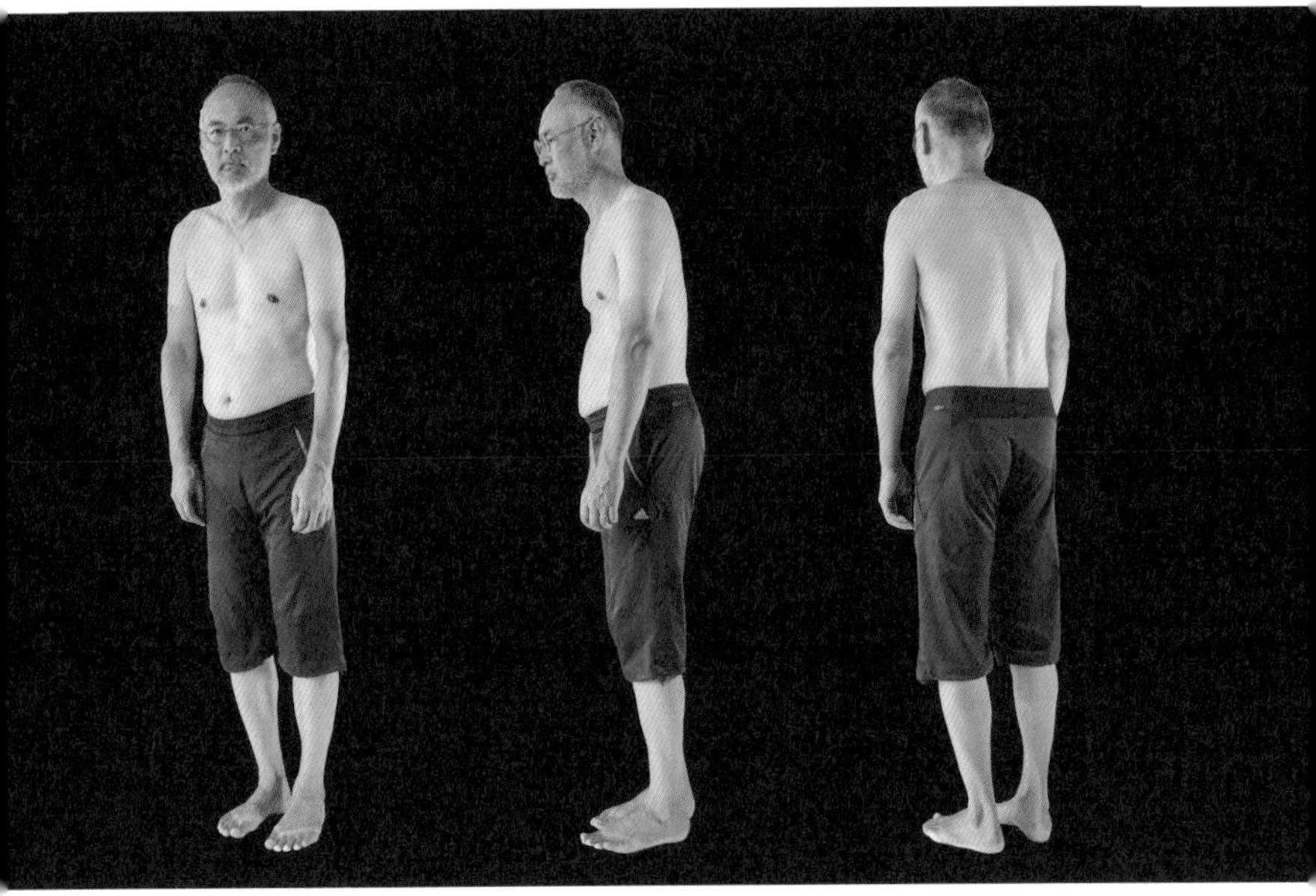

某パーソナル・トレーニングジムの CM の逆再生？　いえいえ。これからの時代、筋肉量が多く基礎代謝の高い身体を捨て、筋肉量が少なく基礎代謝の低い身体へと生まれ変わることこそ、唯一、これからも人類が地球上に暮らし続けることを神に許可して頂ける方策であると考えている。そして、それを世界中の人々に教えてあげられるのは、私たち日本人だけである。エンゾはそう確信している。

レッスン 腹筋全リリースでもも上げ

「もも上げ」運動をするとき、ほとんどの人は、腹筋に力が入っていることだろう。まずは何も考えずにもも上げをおこない、そこを確認してほしい。しかし、もも上げをするときに腹筋に力が入るのは当たり前であり、私自身もそれをつゆ疑うことはなかった。

ところが、様々な修行（？）を経て、インナーマッスルが使えるようになってくると、なんだか腹筋がとても邪魔な存在に思えるようになってきたのである。腹式呼吸をするにしても、大腰筋を駆使して自転車に乗ったり、ボートを漕いだりするにしても、腹筋に力が入っていると上手くいかないのである。

それである日、もしかしたらと思って腹筋を完全に脱力した状態でもも上げをやってみたら、これができちゃったのである。それがちょっと面白くなってしまったので、色んな人にやって見せたら、みなさんびっくりするもんで、とうとう私の「鉄板ネタ」になってしまったという経緯である。

腹筋に力を入れてもも上げをしているとき、おもに「大腿直筋」という大腿四頭筋の一部を使っている。ふとももの付け根の鼠蹊部の近くがモリッとしていると思う。これが大腿直筋である。そこでお腹を膨らませるように腹筋を脱力してしまい、ふとももの付け根のさらに内側、「キンタマのすぐ横」（失礼！）あたりにある、大腰筋の端っこと大腿骨がくっついている部分を、両手でロープ（大腰筋）を手繰るように引き上げるのである。

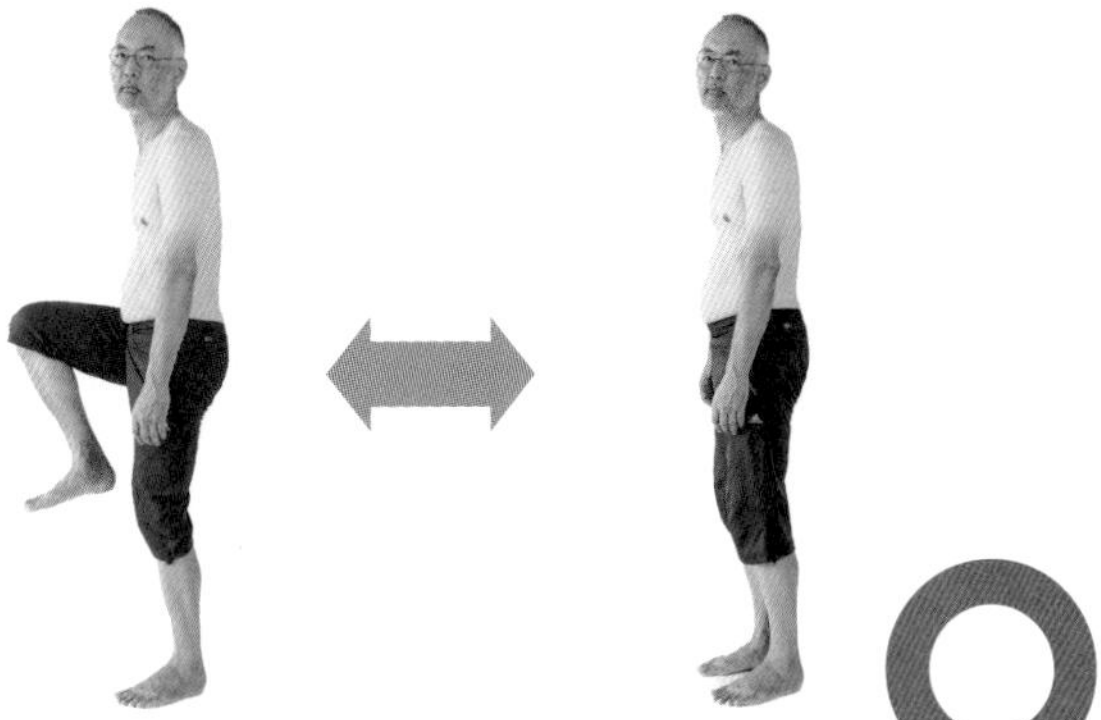

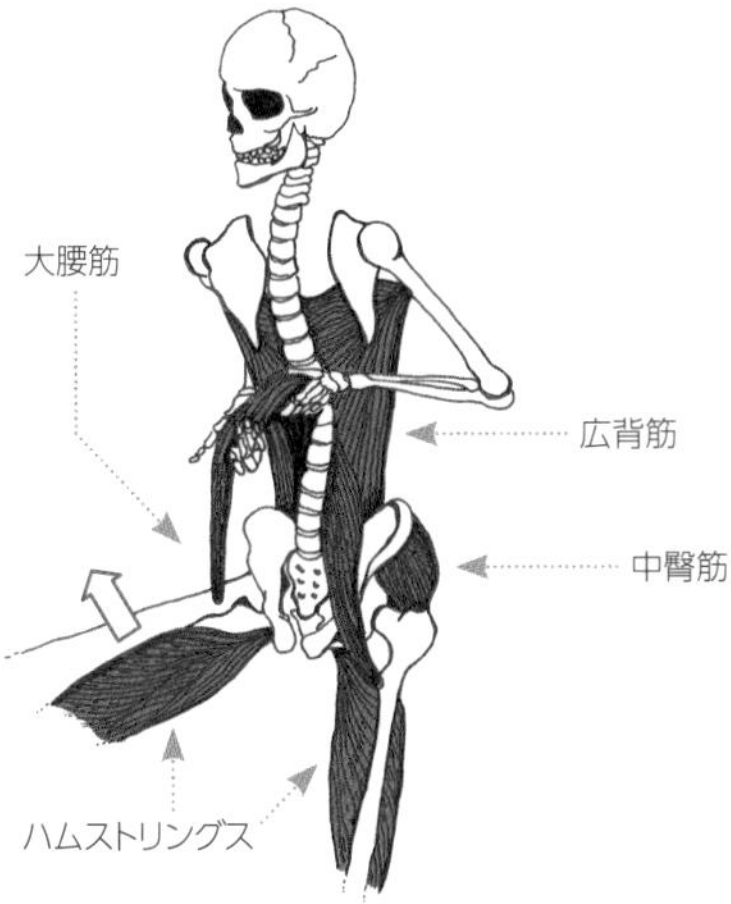
大腰筋
広背筋
中臀筋
ハムストリングス

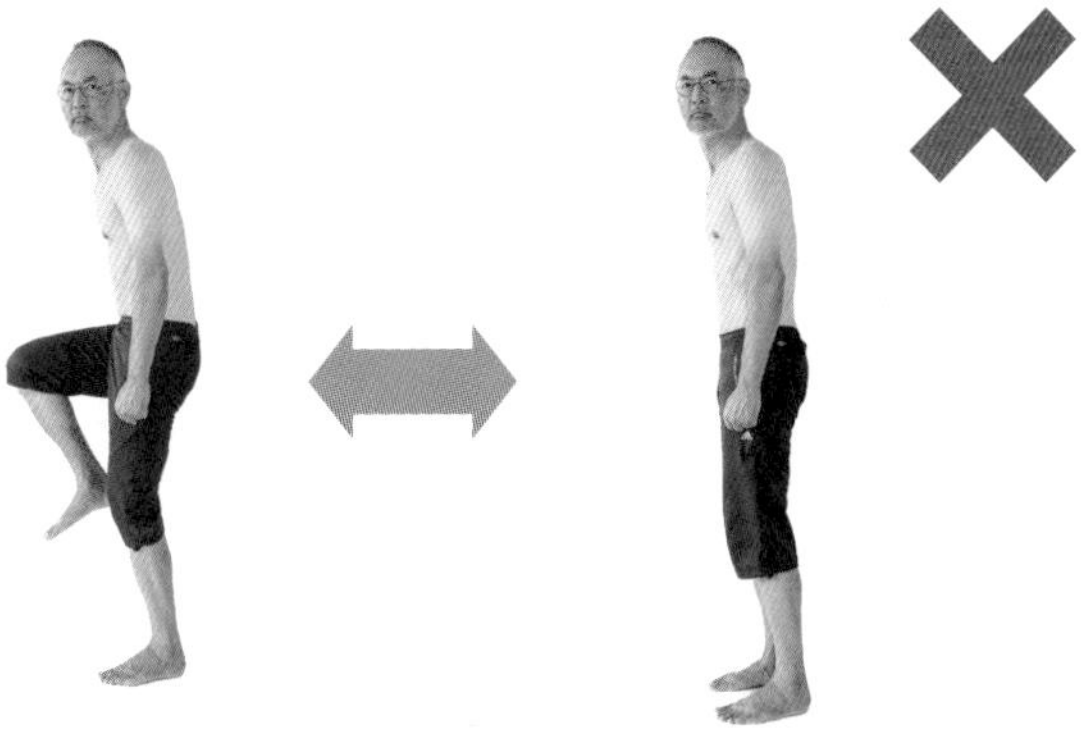

正しい首の処理

現代日本人の多くは、一五〇年前のあの日以来「僧帽筋」こそ頭を支えるための筋肉であると誤解してしまっている。ところが、残念ながら、この筋肉を、頭を支える役割として使っている動物は人間だけである。

僧帽筋とは、背骨を起点とし、肩甲骨を動かすために創られた筋肉であると、確か私は、創造主様にそのように聞かされた。なるほどそのように僧帽筋を使うと、自由自在に肩甲骨が動き、肩こりなんぞなろうはずもない。仮にちょっと肩が張ってきたな、という感覚があれば、パタパタと肩甲骨をはばたかせて、一〇秒足らずで解消である。では、そんな私はいったい何で頭を支えているのであろうか？それが「板状筋（頭板状筋・頸板状筋）」というインナーマッスルである。板状筋は、頸椎から頭蓋骨へかけて付着していて、見るからに「それ用」の筋肉である。

いっぽう、僧帽筋は、頭蓋骨、頸椎、胸椎を固定した状態で肩甲骨を上下に動かすために存在する筋肉だとわかる。ところが「背すじピーン」だと、肩甲骨は後方に貼りついたまま動かないので、むしろこっちを固定し、首や頭のほうを動かすように使用方法を変えてしまったのが運の尽き。反応させやすい僧帽筋ばかりを使っているうちに、いつのまにか板状筋を反応させることはおろか、その存在を知覚することすらできなくなってしまったことが、現代日本人の中に潜む、あらゆる問題を生み出しているともいえよう。

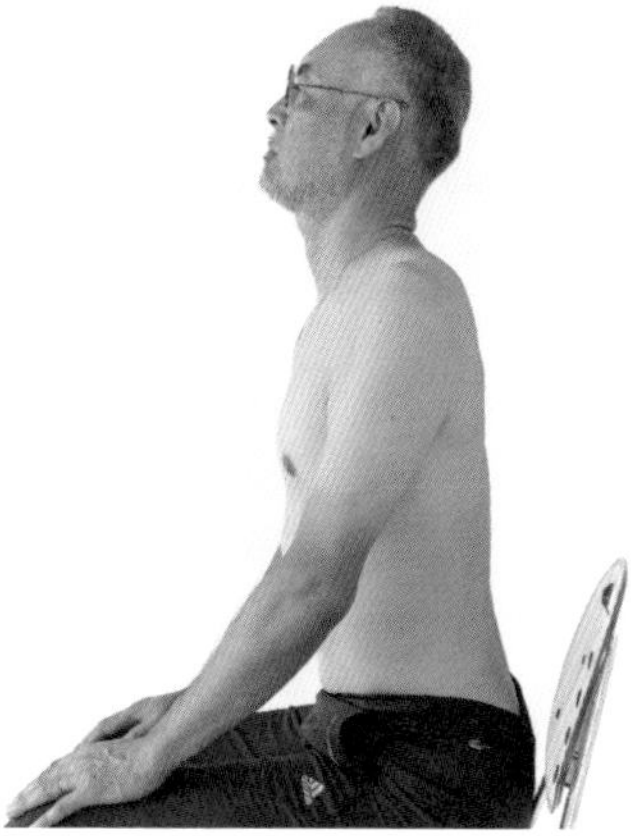

僧帽筋で顔を上げている人。

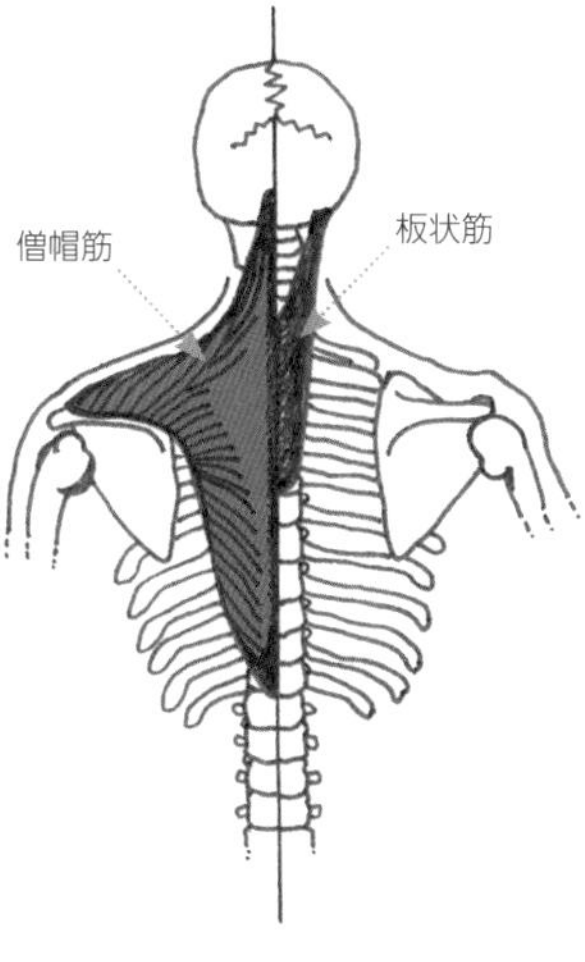

僧帽筋=アウターマッスル
板状筋=インナーマッスル

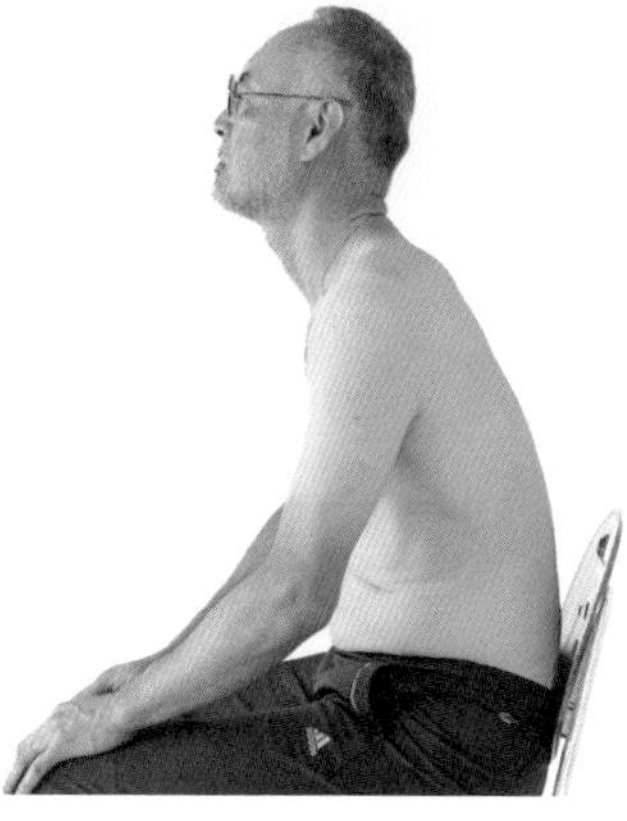

板状筋で顔を上げている人。

レッスン 板状筋を発動させるドリル

椅子に坐って、両膝に両肘を着いた状態で前方を見てもらうと、ほとんどの人が「僧帽筋」を使って頭を上げてしまう。この状態だと、時間の経過とともに首すじから肩にかけてがじんわりとこってくる。これがいわゆる肩こりの原理である。

そこで、いったん頭を落として僧帽筋を脱力する。そうはいっても、なかなか僧帽筋って力が抜けないものなので、パートナーに肩を軽くマッサージしてもらうとよい。このとき、首すじから肩甲骨、背なかの真ん中あたりまで、大きな僧帽筋がある範囲全体をさするようにマッサージしてもらう。

つぎに首の、いつもよりもずっと頭に近いところを曲げて、顔を正面に向けるのだけれど、完全にマスターしてしまうまでは、自力だと難しいと思う。そこで、パートナーに頭蓋骨のすぐ近くの「ぼんのくぼ」のあたりをグッとつかんでもらい、そこから首を曲げるように意識するとよい。このとき、つかんでくれている手に抵抗し、肩の位置が上がってくる。これが、僧帽筋が使われようとしている予兆であるから、パートナーは肩の位置が上がってこないように抑えつけてあげる。

「板状筋」で顔を前に向けられるようになると、同時に首を美しく見せる効果のある「胸《きょう》鎖《さ》乳《にゅう》突《とつ》筋《きん》」とアゴの下の筋肉がストレッチされる。正しいイメージとしては、以前よりも頭が胴体のなかにめりこんでいるように見え、かつ肩に力が入っていないことである。

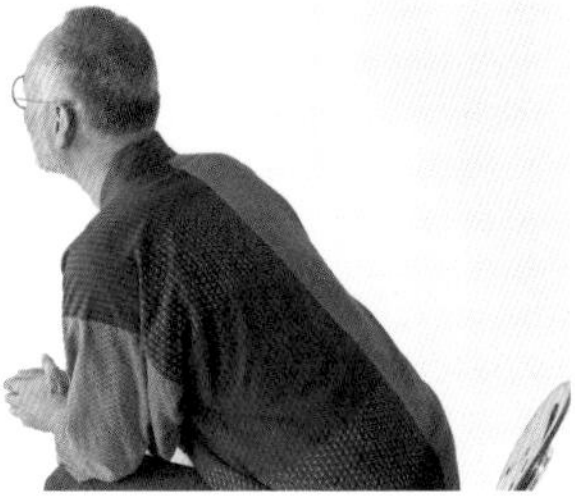

①僧帽筋で頭を支えている人。

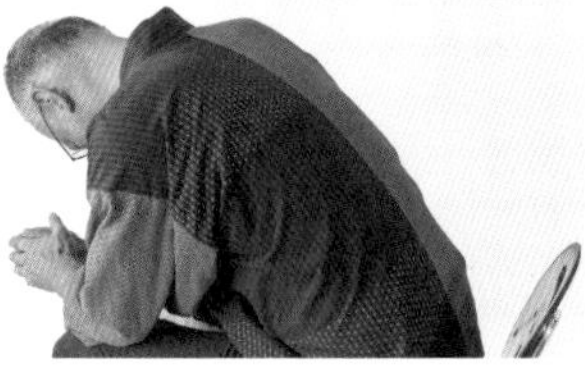

②脱力し、頭をガクッと落とす。

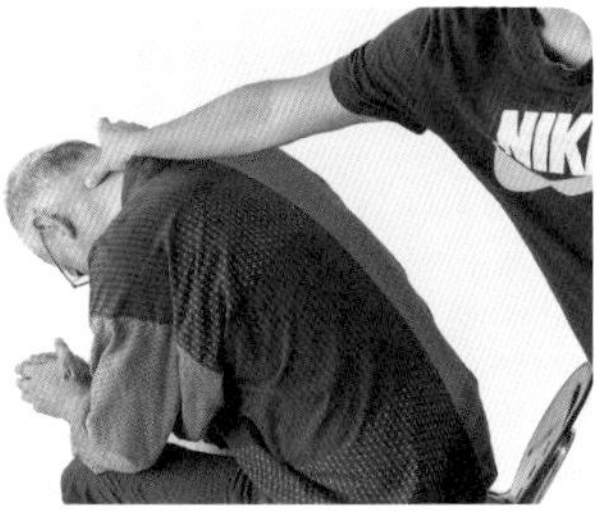

③ぼんのくぼを抑えてもらう。

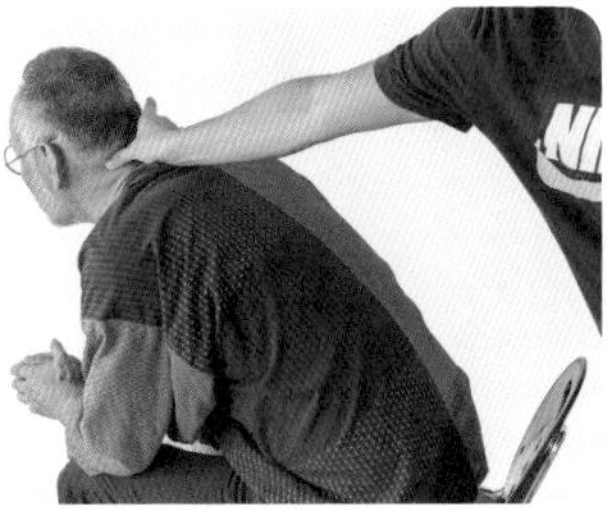

④その位置で曲げて顔を起す。

⑤板状筋で頭を支えている人。

ホバースイッチＯＮ！

足半を履いて立っている時点ですでに「メインスイッチはＯＮになって、身体はアイドリング状態になっている。すなわち「長趾屈筋・長母趾屈筋・後脛骨筋」三つの末梢のインナーマッスルが反応し、足の指がぎゅっとなっていて、足首がきっちりと「半固定」され、かかとに荷重していないはずである。

そこから人生における重大な一歩を踏み出してもらうのだけれど、このときに足の小指側から着地してほしい。すると今度は、外側のくるぶしの背後を通ってきている「長《ちょう》腓《ひ》骨《こつ》筋《きん》・短《たん》腓《ひ》骨筋《こつきん》」という二つの末梢のインナーマッスルが反応するが、これが「ホバースイッチ」である。ホバースイッチがＯＮになると、足の「小指のセンサー」もＯＮになると同時に、小指側のややつま先寄りにある「立方骨」が自動的に浮き上がる。こうなると、もはやよほどの反動をつけないかぎり、かかとは地面に着かないことになる。だから足半には、かかと部分が不要なのである。

ホバースイッチがＯＮになったまま歩くと、後方にスカッ、スカッと膝が抜けていくような感覚が生じる。これが「膝抜き」である。つまり、膝を使わずに歩けるようになるのである。膝を使わないのだから、もはや膝が痛くなるなんてことは起き得ない。また、膝を使わないということは、とりもなおさず「大腿四頭筋」を使わないということなので、嶮しい山道や長い階段を歩いても、ふとももがパンパンになるなんてこともない。

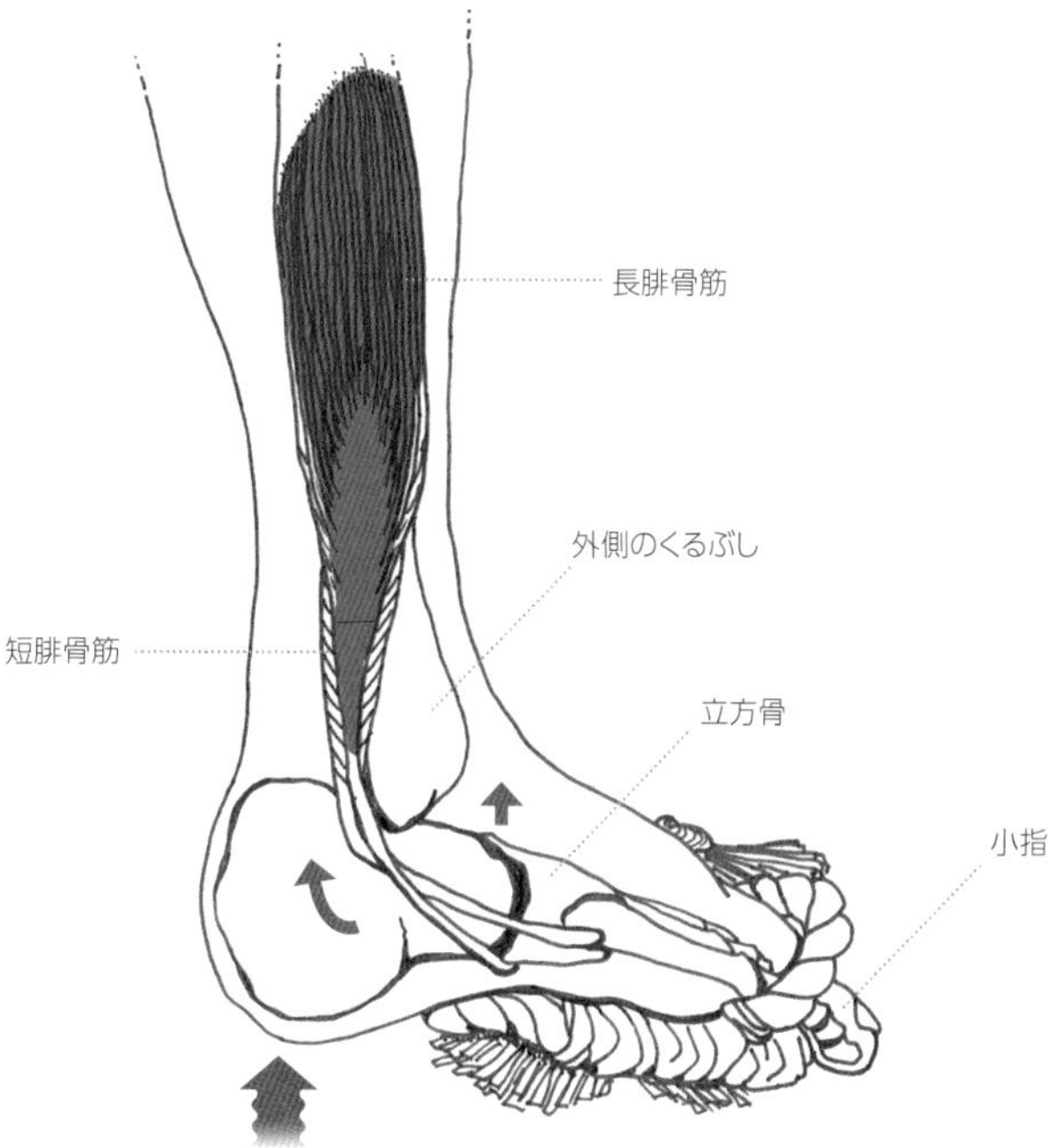

ホバースイッチON!

小指から着地することで
ホバースイッチがONになる！

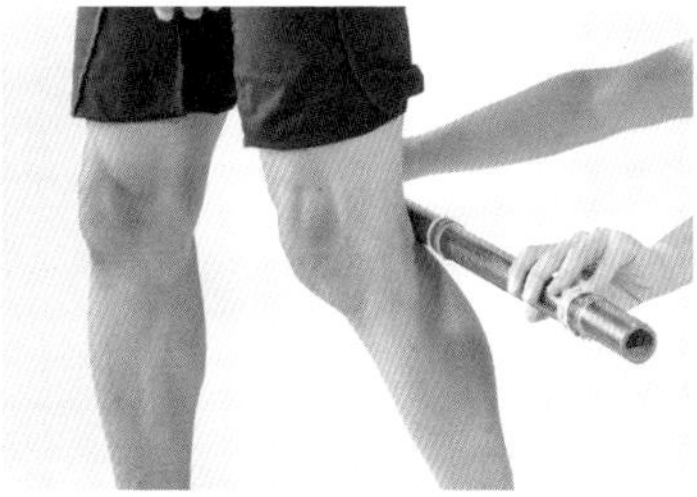

膝の裏で空気を後方に押すイメージ。

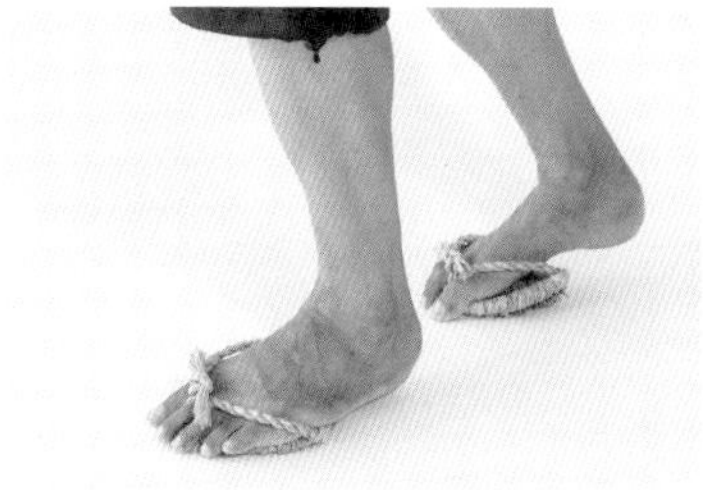

小指側→親指側→かかとの順に着地する。

中臀筋でGO！

メインスイッチとホバースイッチがONになっていない多くの日本人が歩くときに使っている脚部の筋肉は「腓腹筋」「大腿四頭筋」「大臀筋」が主役である。膝を使って歩かなければならないので、必然的に、膝の曲げ伸ばしに動員される筋肉ばかりが使われてしまう。だから、脚の形が不格好で、ケツがたれて見えるのである。

いっぽう、両スイッチがONになっている人の場合「ハムストリングス」「大腰筋」「中臀筋」を使って歩いているので、脚の根元が太く、足首に行くにしたがって細くなっている。大臀筋よりも高い位置にある中臀筋のほうが発達しているから、お尻の形も上にいくほど隆起してくる。まるで四角いピーマンのような形をしていて、ふとももからお尻にかけてのラインも直線的である。当然、骨格上は同じ長さの脚なのだとしても、後者のほうが長く見えること請け合いである。

とはいえ、クッション性の高い靴を履き、大切な足を前方に放り投げながら、楽に歩くことに慣れ親しみすぎた現代日本人にとって、中臀筋で歩くということはたいへん難しいことなのかもしれない。しかし、足半を履くことでメインスイッチとホバースイッチを起動させることさえできれば、誰でも自然に中臀筋で歩くことができるようになる。

ちなみに、裸足や二本歯（これが重要）の下駄でも同じように歩くことができるので、まずはトライしてみてほしい。

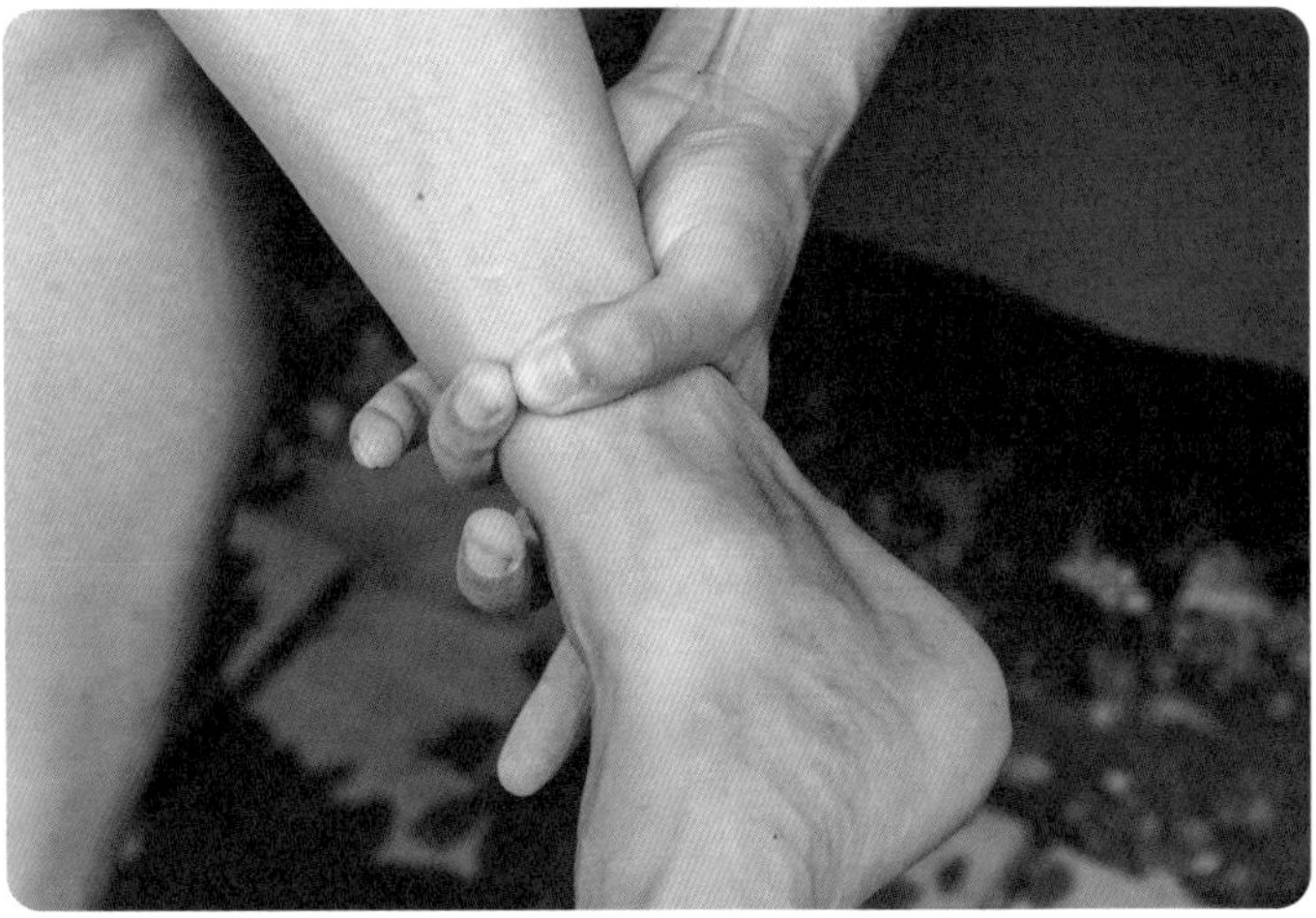

足首に手が回れば合格！　女性は指1本挟んでくっつけばOK。

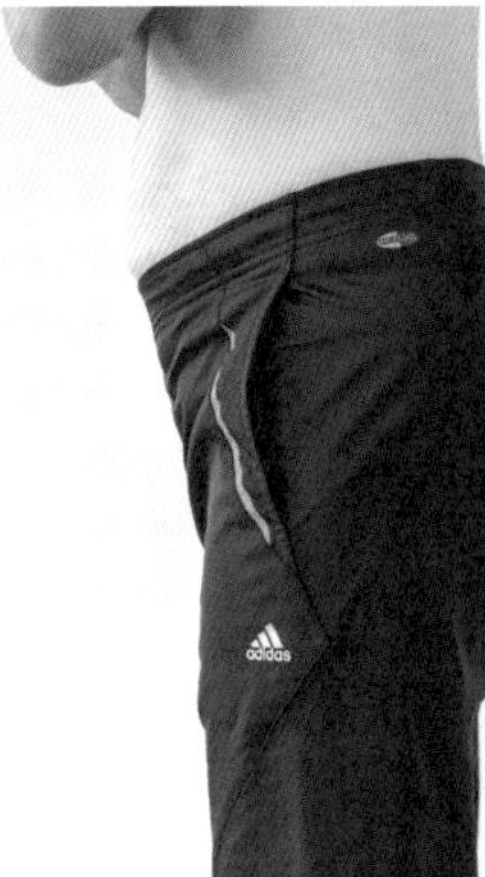

キミのケツはこれくらい上がっているかな？

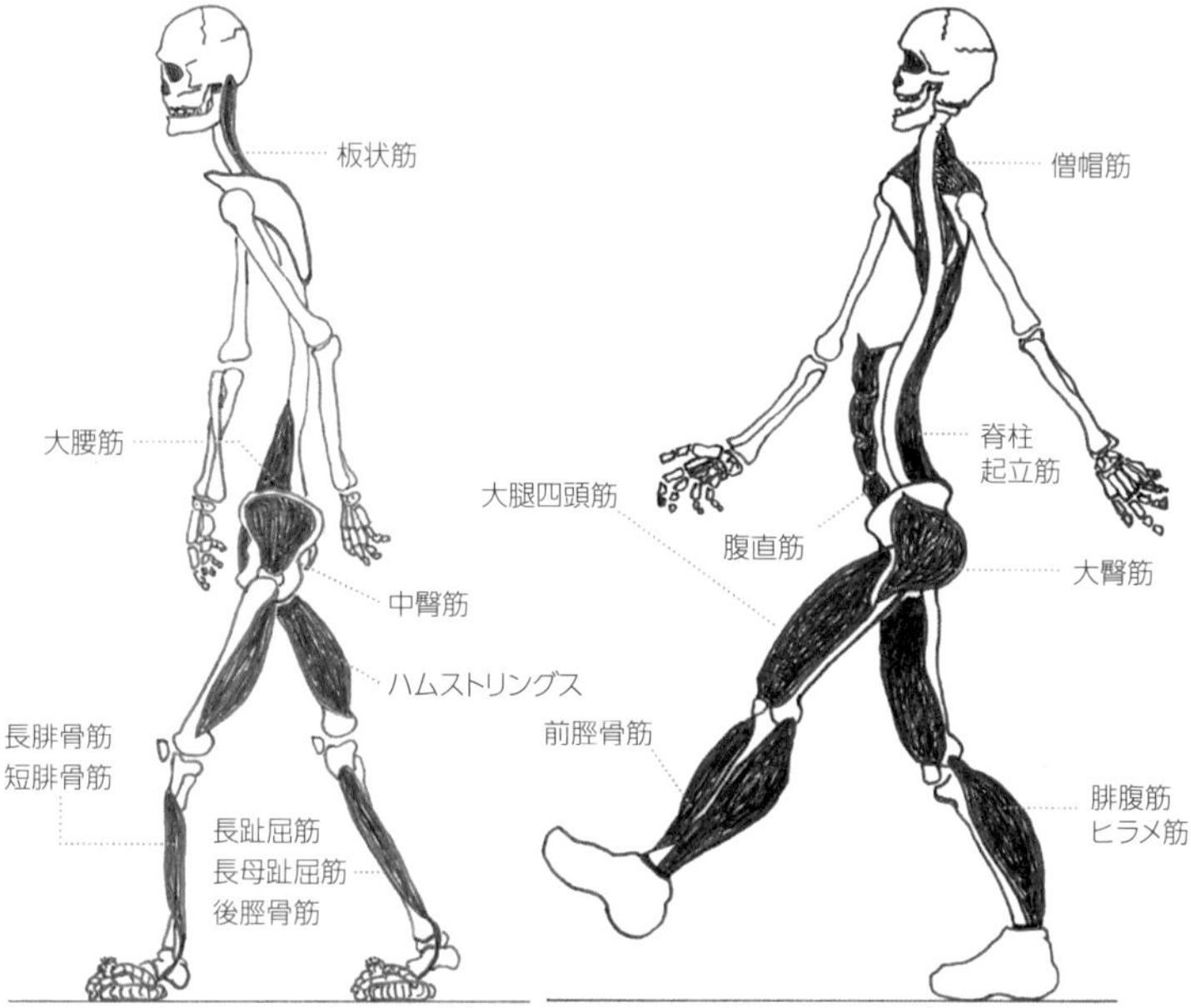

右がアウターマッスルばかりを使っている基礎代謝の高い人。
左がインナーマッスルばかりを使っている基礎代謝の低い人。
まずは私たち日本人から左側の人間へと立ち戻り、世界に手本を示すべきだと思う。

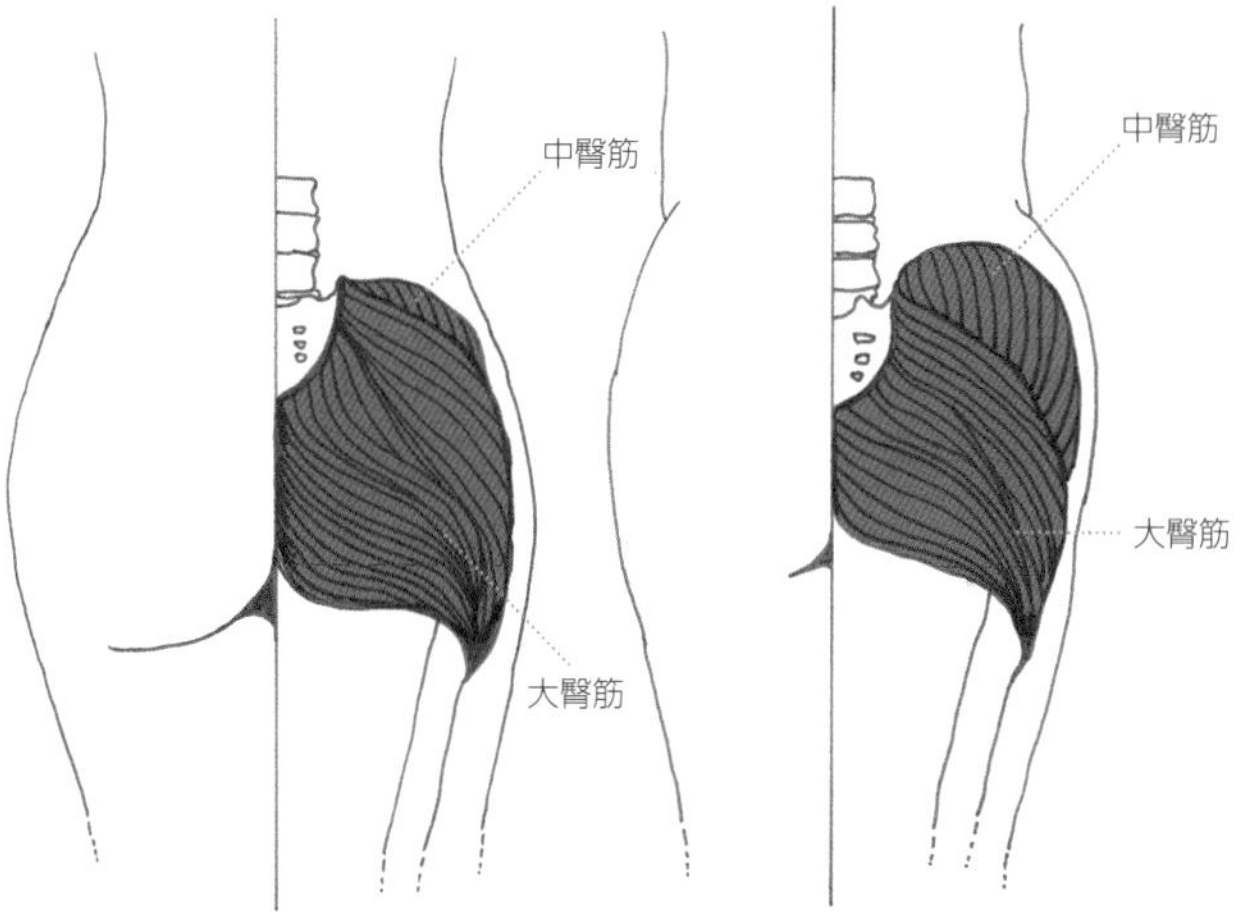

筋肉の使い方がヒップラインを描き変えている。

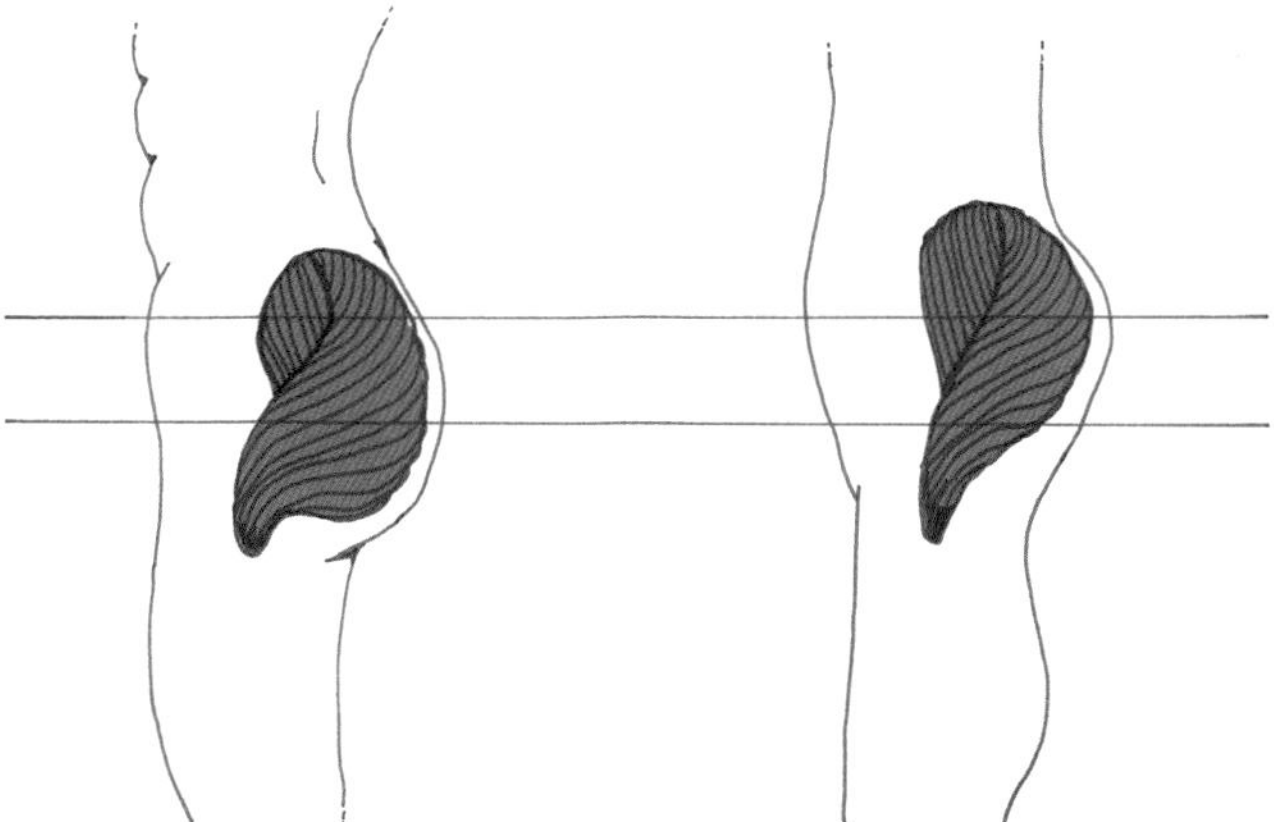

大臀筋型のケツより中臀筋型のケツのほうがトップの位置が高い。

レッスン 足半で歩く

まず足半を履いたら、メインスイッチとホバースイッチをONにする。そして、足の小指側から着地して歩いていこう。

事実上不可能なのだけれど、足の親指より小指のほうが常に先行しているようなイメージで歩いてほしい。大袈裟にいうと「花魁《おいらん》道中」における太夫《たゆう》の歩きかたである。なんでもこういうものには、古人《いにしえびと》の含蓄が詰まっている。

このように歩くと、自然に左右の膝が触れ合うような軌道を描き、同時にふとももの内側の筋肉である「内転筋群」が反応する。私はこれらの筋肉のことを「恥じらい筋」と呼んでいるが、この筋肉が衰えてくると、立っているときも、坐っているときも脚がだらしなく開いてしまうだけでなく、膝の障害や尿失禁などにもダイレクトにつながってくる、とても重要な筋肉なのである。

「恥じらい筋」が反応すると、すぐとなりあう大腰筋→中臀筋というルートができあがるので、簡単に中臀筋で歩くことができる。そして、そのイメージをつかむのに最適なのが、歩く動物の後ろ脚を観察することである。おすすめは、競馬中継でパドックを歩く馬と、そのへんを散歩しているワンちゃんたちである。じーっと彼らの下半身だけを観察していると、意外とぎこちなさそうに脚を運んでいることに気づくだろう。もちろん、かかとは着いていないし、膝も使っていない。これぞまごうことなき「中臀筋歩き」なのである。

下半身では、かかとから着地していない点と常に膝が曲がっている点、上半身では、胸を張っていない点と肩のラインに対して頭が前方にオフセットして見える点に着目してほしい。

column

小股《こまた》の切れ上がったいい女

国語辞書で「小股の切れ上がった」という語を引くと「足が長くて、すらりとした感じの様子」とある。

なるほどそれはそうなんでしょうけど、それだと「小股」と「切れ上がった」を使う意味がまったくわからない。そこで私なりに解釈してみたのだけれど、みなさんの「腑」に落ちていただければ幸いである。

まず「小股」である。小股といえば「大股」もある。大股といえば、「大股で歩く」というように、歩幅のことをいうイメージである。同様に「小股で歩く」といえば、小さな歩幅でちょこまか歩くイメージである。

いっぽうで「股」という漢字は「もも」とも読む。「股引《ももひき》」がそうである。つまり、股には「もも＝腿」の意味もある。すると「大股」は「大きなもも」という意味にもとれるということである。これはすなわち「大腿《だいたい》」のことであり、「太腿《ふともも》」のことでもある。

そう考えると「ふとももを使って＝股関節を大きく使って」歩くことを「大股で歩く」というのであれば、それは大きな歩幅で歩くという意味とは微妙にずれてくる。「結果的に」大きな歩幅で歩くことになるというのが正確なのではなかろうか。

そこで「小股」である。同様に「小股＝小腿《こもも》」と考えると、これは「小腿＝下腿《かたい》」であるとできる。下腿とはすなわち「脛《すね》」のことである。そう。つまり小股で歩くというのは、昔の女性が、二本歯の下駄で、小さな歩幅で、ちょっと小走りに近いような感じで歩くのがそれである。いまでも時代劇のなかで散見することができる。腰紐で結んだ着物の裾がはだけないよう、股関節の動きはほどほどに、膝をすり合わせながら、あたかも「膝下＝脛＝下腿＝小股」だけで歩いているように見える。

これまで解説してきたように、そのように歩いていると、大臀筋よりも中臀筋のほうが発達してくる。そういう人は脚が長く見えるわけだから「二本歯の下駄を履いて、着物の裾が乱れないように、小股で、速いピッチで歩いている女性＝足が長くて、すらりとした感じの女性」ということになる。もちろんそれに異論をさしはさむつもりはないし、私もそう思う。でも、それだけだと、まだ「切れ上がった」のところがわからない。

まあ、読者のみなさんは、とっくにその答えがわかっちゃってるんでしょうけど……そうである。中臀筋を使って歩いている女性の足首は細いはずなのである。「長趾屈筋・長母趾屈筋・後脛骨筋」そして「長腓骨筋・短腓骨筋」合わせて「五つの末梢のインナーマッスル」を使って歩いている女性ほど、腓腹筋やヒラメ筋の発達は抑えられているはずである。つまり、ふとくないのはもちろんのこと、足首に到るほどにますます細くなっていくふくらはぎ……あたかも刀で下から上へとズバッと斬り上げたような、そんな形のふくらはぎを有しているはずなんである。

そして、そういう女性が、上がり框《かまち》や縁側などに上がるとき、当時の町人の女性が着ているような質素な着物だと、ひらりと、ほとんどふくらはぎ全体が見えてしまう。もちろん、男たちは、その様を拝むチャンスを見逃さなかったはずである。そう。江戸時代の「チラリズム」である。

そして、絶叫、あるいは、ひくく呟いたはずである。

「くーっ。小股の切れ上がったようないい女だねえ！」

あるいは、

「うーむ。小股の切れ上がったようないい女だねぇ……」

と。

どうです？「腑」に落ちましたか？

また、この推論を反対方向から裏付ける証拠として、昔の人はこんな含蓄のある言葉を遺してくれている。

「お引きずりの女は嫁にもらうな」

これは、下駄の後ろの歯ばかりが減っている女性は、歩き方に難があるために骨格のバランスが悪く、ひいては丈夫な子が産めないということなのだという。

差別のない世の中を目指すのはもちろんのことだけど、もしも、色々な方面に気兼ねし過ぎてしまった結果、こういった「智慧《ちえ》の遺産」に蓋をするというのなら、きっと日本人に未来はないんだろうと思う。

第4章

箱根街道・石畳を歩く

WALK ON THE HAKONE OLD PAVED ROAD

昔の日本人になる

さあ。いよいよ……「足運びが軽い」「すべらない」そして「裸足で履いても擦り傷をこさえにくい」といった、足半ならではの真価がもっとも発揮されるであろうフィールド「箱根旧街道・石畳」に挑戦である。

箱根湯本駅を出てから数百メートル、小田原方面へもどっていくと「三枚橋」というかわいらしい橋が見えてくる。ここが「箱根旧街道」の入口である。橋をわたって、河原へとおりると、芦ノ湖（海抜約七二三メートル）をみなもととする早川の水に足半をくぐらせる。軽く振って水を切り、足を入れた瞬間。稲藁で編まれた足半は、私の足の形状を記憶し、以降「エンゾ専用足半」となる。と同時に、左右も決定されるのである。

つぎに腰ひもで中臀筋を縛ったら、茅ヶ崎から電車に乗ってここまで、万が一にもズボンが落ちないようにウエストの周囲で締めていたベルトの類を完全にゆるめる。そして、すべての腹筋をリリースし、横隔膜を「丹田」へと落とす。第3章で学んだことができていれば、これで姿勢は完璧なはずである。

では。ここまで履いてきたはきもの、着替え（夏季）、防寒具（冬季）などを風呂敷で包み、肩甲骨を開いた跡地にできた「美しき猫背」の上に載せる。風呂敷の両端で肩を締めるように包みこんだら、胸骨の前で結ぶ。これにて身支度は完了。どうです。どこからどう見ても、タイムスリップしてきた昔の日本人みたいでしょう？

トレードマークは、森山絣《かすり》工房作のオリジナル作務衣。

カラカラに乾いた足半を早川の流れに沈める。

履いた瞬間、足半がエンゾの足を記憶する。

腰ひもで腸骨と中臀筋を縛る。

小指のスタビライザー

第3章でも述べたように、足の小指側から着地して歩くことで「五つの末梢のインナーマッスル」がONになる。すると、足首が柔軟かつ強靭に安定するので、ひねったり、すべったり、つまづいたりといったことが起きにくくなる。同時に「小指のセンサー」もONになっているから、多くの人が心配している、石に足の指をぶつけて爪を割ったり、枝を踏んでけがをしたりといったことが、ホントに不思議なくらい起きないのである。

このように「小指のセンサー」がONになった状態の足の小指は「スタビライザー（船の安定装置、飛行機の水平尾翼）」という役割も担っていて、常に足の傾き、ひいては身体全体の傾きを補正している。浮いた石などを踏んでバランスを崩しそうになると、瞬時に「小指のスタビライザー」が反応し、その情報を「股関節を統括している中臀筋」と「膝関節を統括しているハムストリングス」に伝える。その結果「いつでも半曲がり」の状態を保っている股関節と膝関節が免震装置として機能。勝手にバランスを回復してしまう。

同様に、手の小指も「スタビライザー」として機能させたい。ふだんの生活の中でも、グラスを持ったり、箸でつまんだり、ハサミで切ったりするときにお世話になっているはずである。そこで、小指をやや薬指から離し、軽く曲げ、テンションをかけた状態を保つように意識していると「広背筋」が反応し、上半身の傾きを補正してくれるのである。

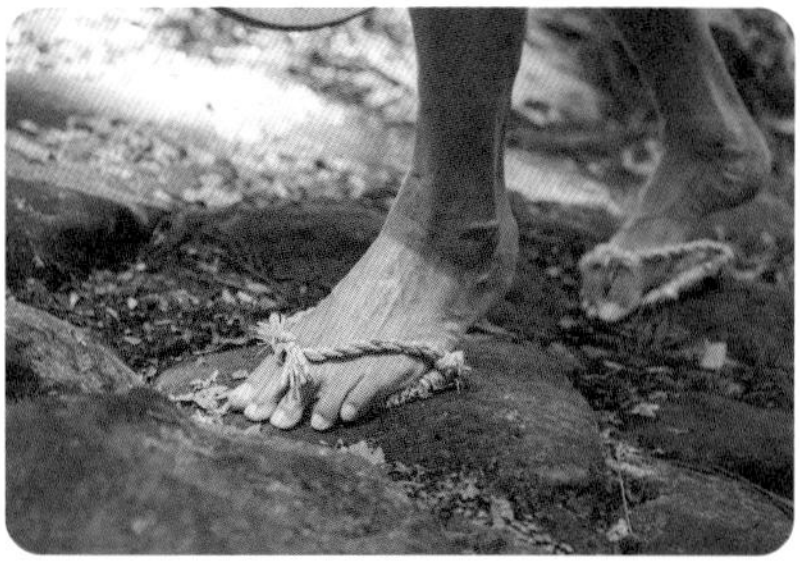

小指から着地することで
あらゆる感覚が研ぎ澄まされてくる。

急坂や不安定な道は、
小指を意識してバランスを取る。

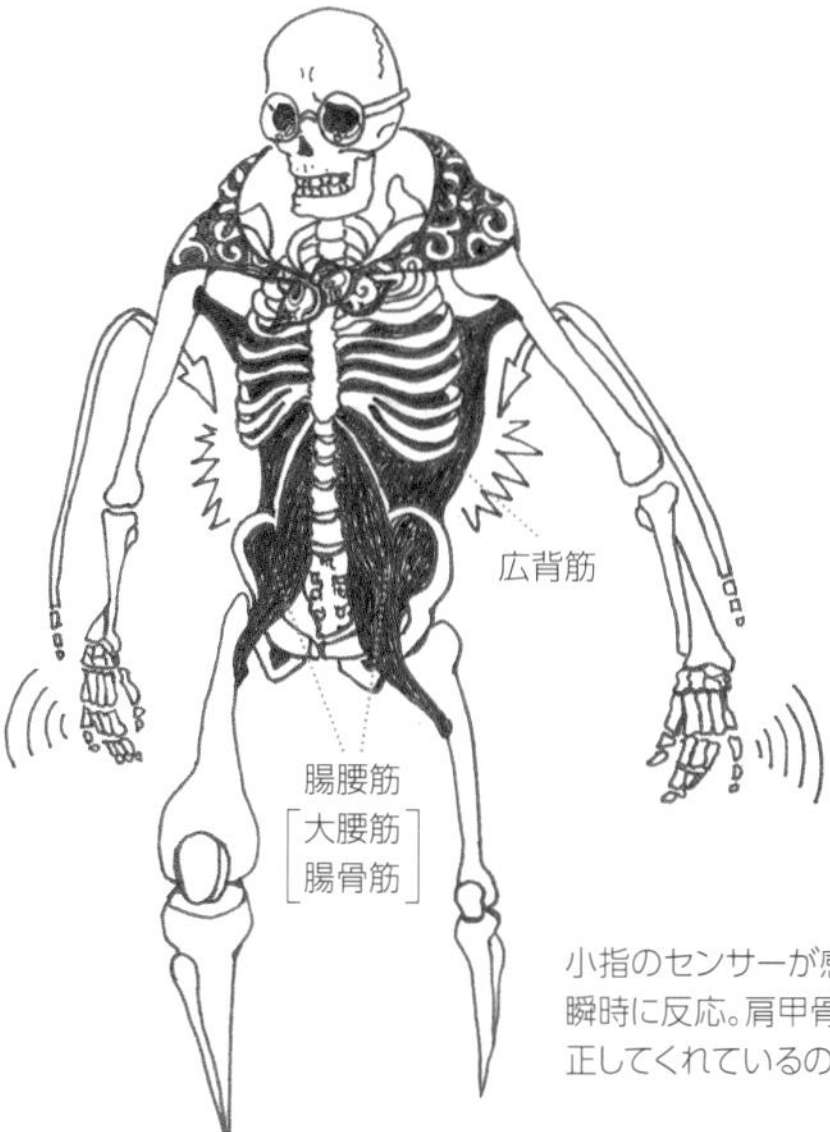

小指のセンサーが感知した情報に広背筋が
瞬時に反応。肩甲骨・背骨・骨盤の位置を修
正してくれているのだ。

箱根旧街道・石畳

いわゆる「箱根旧街道」とは、箱根でもっとも古い峠道である「碓氷道《うすいみち》」、奈良・平安時代に利用された「足柄道《あしがらみち》」、鎌倉・室町時代に拓かれた「湯坂道《ゆさかみち》」の後、江戸時代になって拓かれた道である。現在は「県道七三二号線」ということになっている。

アスファルトやコンクリートの側溝がない時代、多くの峠道では、大雨が降ると土砂が流出し、そこここでぬかるみが出現。歩きにくいだけでなく、非常に危険であったという。そこで箱根旧街道では、石畳を採用。人の歩くスペースだけではなく、道の脇には石を組んで造った排水路を設置することにより、天候に左右されずに「大動脈」としての役割を果たせるよう工夫されている。古老の話によると、かつての往来は甚だ多く、それこそ人の足に磨かれた石畳に顔が映るほどであったという。しかし、来たるべき「モータリゼーション」のために莫大な予算をかけて「旧七湯道」を改修し、新道（現在の国道一号線）を開通させると、箱根旧街道の舗装は大幅に遅れ、長く不遇の時代が続くことになる。

昭和五年の豆相《ずそう》地震や自動車道の開通により、石畳は各所で寸断・埋没してしまったけれど、今でも江戸時代の石畳が大切に保存されている。確かに箱根旧街道界隈は開発から見落とされてしまったのかもしれない。でも、だからこそ、こうして現代に生きる私たちにとってかけがえのない道が遺されたと考えるべきなのではないだろうか。

旅館･豊栄荘で絶品井戸水の供給を受ける。

1680年に敷設されたAクラスの石畳。

石畳の複雑な構造を解説する看板。

白水坂《しろみず》。わずかに残る縦の排水路遺構。

残存する石畳中もっとも急傾斜の天ヶ石坂。

石の「へそ」と「おでこ」

箱根旧街道の古い石畳に使われている石は意外と大きくて、石と岩の間くらいのイメージである。そして、基本的にはけっこう埋まっていて浮いた石はほとんどないから、どの石を踏んでいっても大きな問題はない。むしろ石の「どこ」を踏むかが問題になってくるのである。その意味で、石の「へそ」と「おでこ」を見極めることが肝要である。

「へそ」とは、石の少しくぼんだ、平らな箇所のことで、ここに足を置けば、まずすべらない。しかも、そこから容易にかかとを下げることができるので、自然と「膝抜き」の足運びになる。そのため、身体（重心）の上下動が抑えられて疲れない。

いっぽうで「おでこ」とは、まるみを帯びた箇所のことで、いくら足半を履いていても、ここに足を置いたまま体重をかけると、さすがにすべってしまう恐れがある。ましてや、濡れていたり、落葉が貼りついていたりすればなおさらである。よしんば、足半のおかげで足が掛かったとしても、かかとを下げればズルッといってしまいそうなので、かかとを上げたまま「よいしょっ」といかなければならない。そう。大腿四頭筋と大臀筋を瞬発的に使わないと登れないのである。

いきおい、身体（重心）が大きく上下することになるので、同じ一歩なのによけいに疲れるという結果に。当然、こういった無駄な動きが多くなれば、ふとももやおしりがパンパンになってしまうのである。

まるみを帯びている部分が「おでこ」。

少しくぼんで見える部分が「へそ」。

ここを踏むと、アウターマッスルを使わざるを得なくなるので疲れる。

ここに着地すれば、膝抜きが容易なので疲れず歩くことができる。

本来、箱根八里に階段は存在しない。近代の構造物は疲れる。はぁはぁ……

使う筋肉が少ないからこそ、昔の旅人は1日で小田原～三島間、八里（32km）も歩けたのだ。

メディテーション・トレッキング

歩きながら瞑想（メディテーション）するなんてことは、古来、多くの偉人たちがおこなってきており、今さら私がその効能について偉そうに述べるほどのことではない。

が。しかし。石畳でこれをやると、ホントに効くのよ。コレが。その下準備として、まずは、さらっと「チャクラ」を啓《ひら》いといてほしい。これまで私たちは、板状筋を使って「こくっ」と頭を支え、胸鎖乳突筋を「びよん」とストレッチしていたと思うが、逆に板状筋を「うぃん」とストレッチし、胸鎖乳突筋を「きゅん」と収縮させることで、顎を引いた形をつくる。すると、後頭部にあるチャクラが啓き、己の姿を俯瞰で見ることができるようになる。視線は、三歩先を見るともなく見ているという感じかな。

足半を履き、チャクラを啓いて石畳を登っていると、本来、左右に分かれているはずの脳が「上下二層」に分かれているような感覚に陥る。脳の下の層は、現実的に足もとや周囲の危険を察知し、回避行動をおこなわせているのに、脳の上の層はひたすら考えごとに耽っているといったような……こういう脳の使いかたをしていると、脳の中をジャミジャミと飛び交っていた漏電気が、きれいに収束されるイメージがあり、脳の疲れがスッと消えてしまう。じつは同様のことは、ロードバイクで走っているときにもよく起きていることなので「やっぱりね。だから足半だったんだな」と、得心がいったわけである。

無心に石の「へそ」を探しながら歩いていると、やがて瞑想に落ちていく……

欅《けやき》や楓《かえで》の広葉樹林帯を抜けると、昼なお暗き杉の並木……ちょっとだけ人恋しくなる。

聞こえてくるのは、風にゆれる熊笹のざわめきと、小鳥のさえずりのみ。

渓流の不断の水音は、不思議と雑音とは聞こえず、深い癒しの音となる。

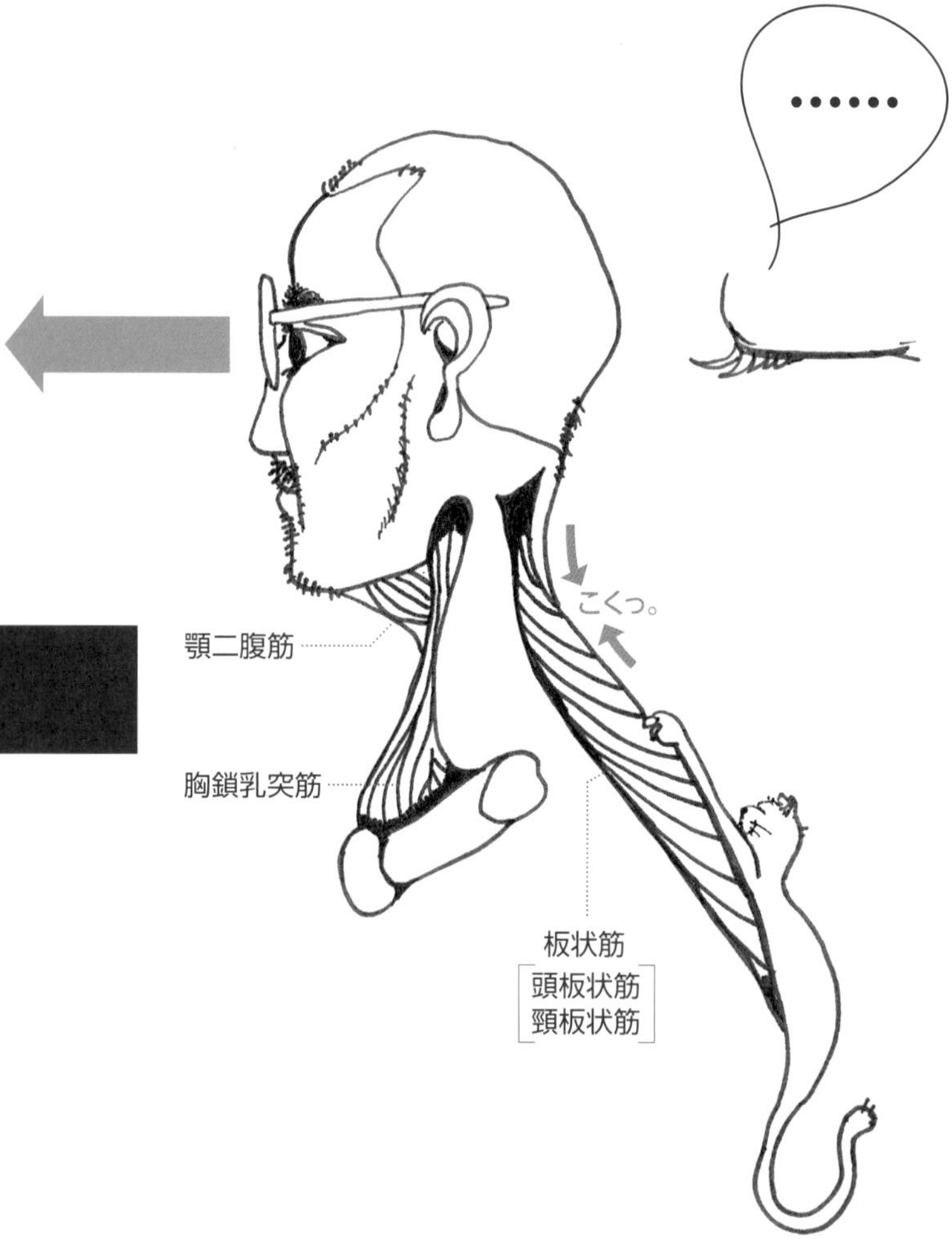
……
こくっ。
顎二腹筋
胸鎖乳突筋
板状筋
頭板状筋
頸板状筋

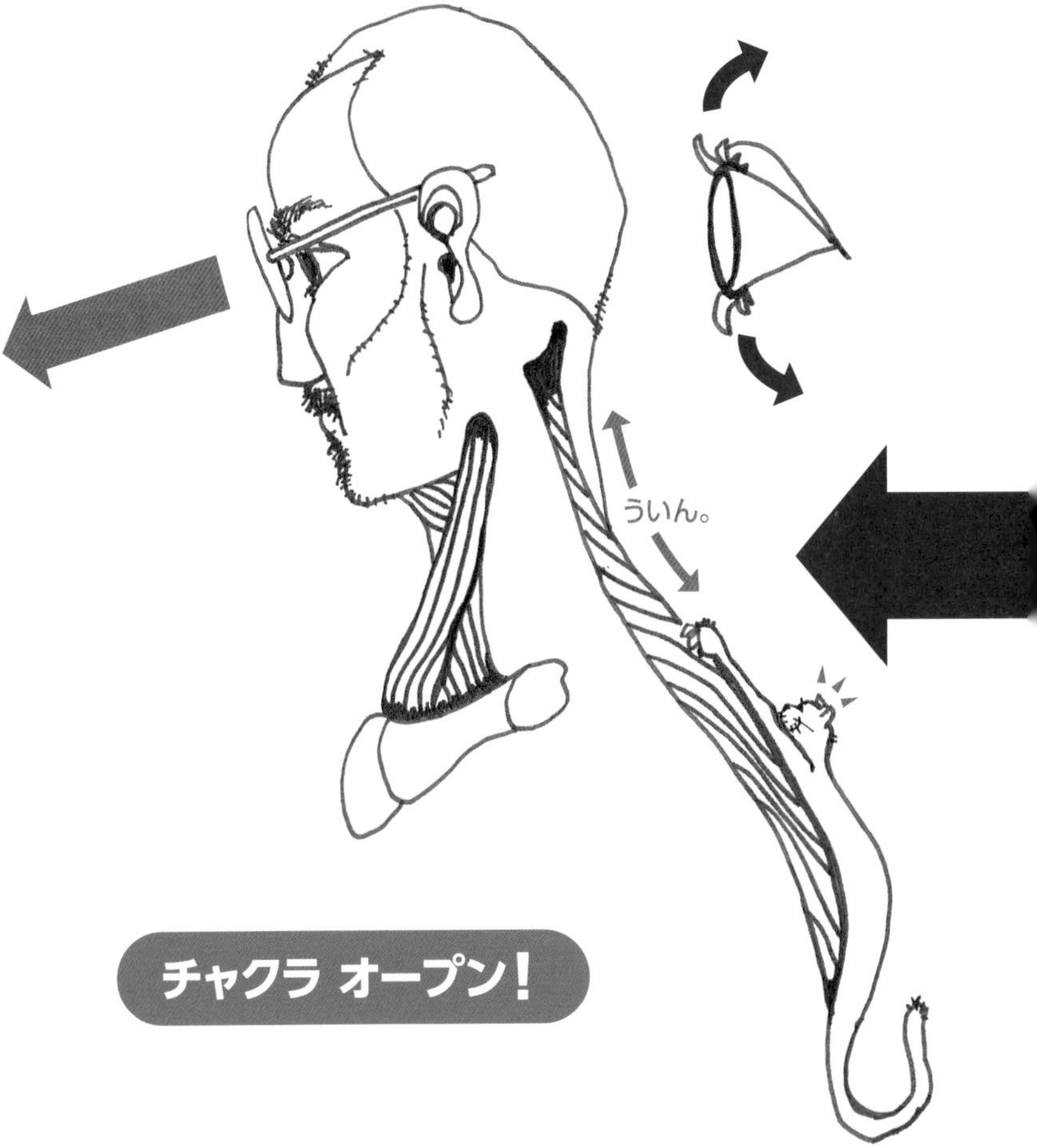

チャクラ オープン！

WALK ON THE HAKONE OLD PAVED ROAD

秘密の場所「ひめしゃら峠」から眺めると、二子山が四つ子山に見える。

箱根・甘酒茶屋

箱根寄木細工で有名な「畑宿」の集落を抜けると、箱根旧街道最大の難所がおとずれる。いくつもの激坂を汗びっしょりになって登ると「箱根・甘酒茶屋」に到着する。

ふもとの三枚橋から三時間あまり。その達成感はハンパないが、はじめて足半を履く人にはちょっと厳しいかもしれない。そんなときは、ここ「甘酒茶屋」を起点とし、二キロ下って畑宿の集落、一・二キロ上って峠の頂上、この範囲内だと、石畳はもちろんのこと「激坂」「杉並木」「森の荘厳さ」が過不足なく体験できること請け合いである。

私は、十二代目・山本達雄氏の頃からここでお世話になっているが、現在、私と同世代の十三代目・山本聡《さとし》氏が、わが国の常夜燈の継承者として主《あるじ》をつとめてくれている。江戸時代から四〇〇年以上、あまたの旅人たちに名物の甘酒や力餅を提供してきたこの店は、行き斃《だお》れを防ぐ救護所としての役割もあったので、冗談抜きで「年中無休」である。

それこそ、昭和の初期、箱根観光華やかなりし頃、開発から取り残され、ほとんど観光客が流れてこなかったこの場所を守るために、十一代目・山本春雄氏は、それでも店を毎日、妻に開けさせ、自分は二子山を徒歩で迂回し、芦之湯の「きのくにや旅館」へ通い、下働きで家族を養ったのだという。私は十一代目にお会いしたことはないけれど、伝え聞いた彼の生き様は「男の鑑」であると同時に「商人の鑑」として肝に銘じている。

追込み坂を越え、ふっと傾斜がゆるくなったところに箱根·甘酒茶屋が現れる。

箱根では、昔から萱葺き屋根にススキを使っている。箱根の仙石原は元々、萱場だった。

甘酒とうぐいす＆黒胡麻きなこの力餅。

囲炉裏の火って、なぜだかずーっと見ていられる。

箱根·甘酒茶屋ではエンゾ作の足半を販売している。

足半で土間に入ると、疲れがすうーっと吸い取られていく。

13代目当主・山本聡さんと、囲炉裏端で足半に関する戦略会議。

箱根旧街道足半石畳御案内

今回エンゾが歩いたコースは、三枚橋(80m)→葛原・豊栄荘(210m)→畑宿・桔梗屋(400m)→甘酒茶屋(690m)→ひめしゃら峠(810m)→甘酒茶屋(690m)。所要時間は5時間10分。
※かっこ内は各地点の標高。

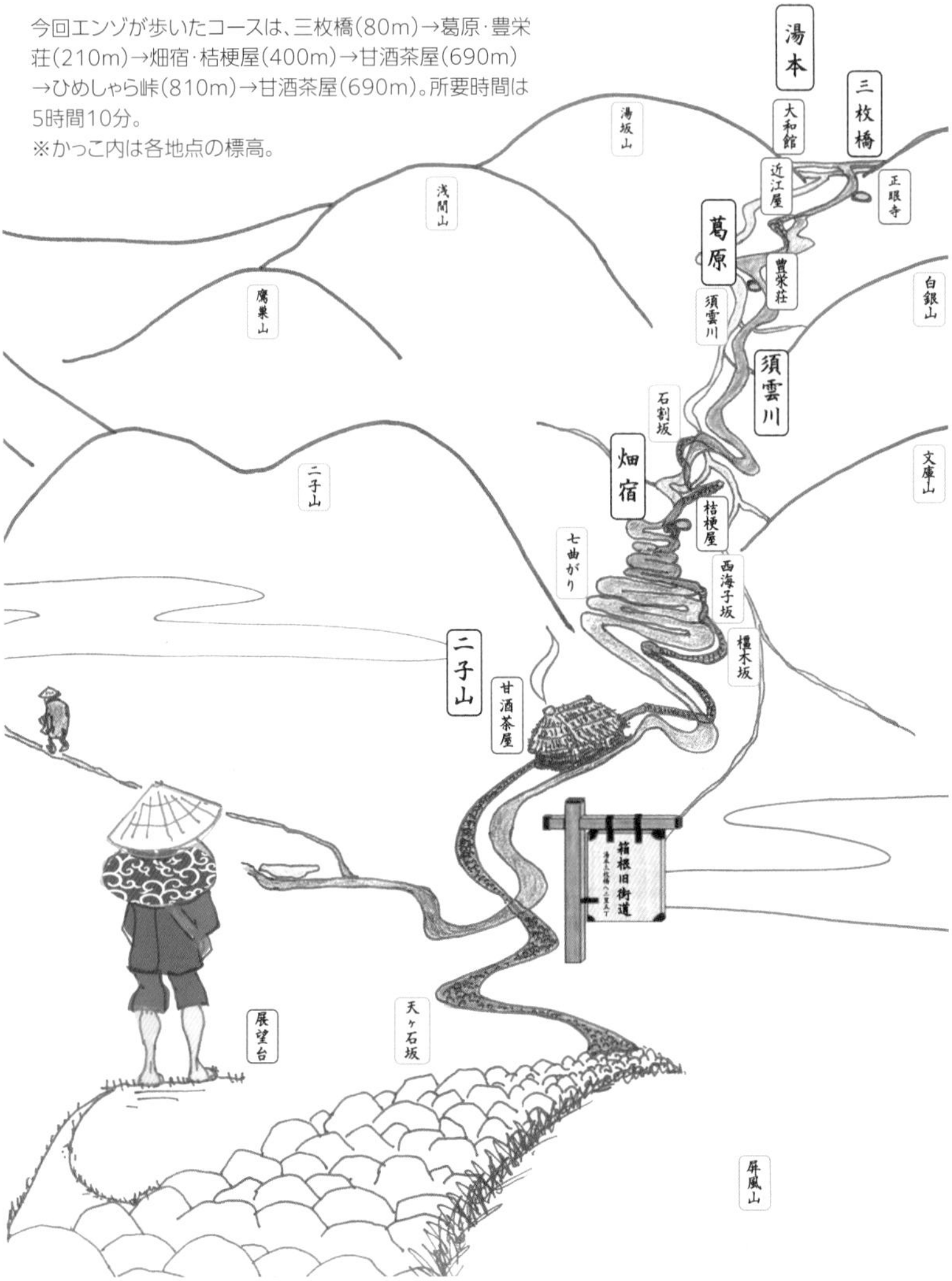

箱根旧街道・石畳
作家 エンゾ・早川と足半(あしなか)で
箱根旧街道・石畳を歩く
コース：レベルに合わせて Aコース～Eコースまで、5コースを用意しています。
A（石畳体験）コース：1時間25分　B（石畳満喫）コース：2時間40分
C（ちょっとした冒険）コース：3時間40分　D（石畳おなかいっぱい）コース：4時間10分
E（地獄に仏）コース：5時間10分
※給水、休憩、解説の時間を考慮して、ゆとりをもったスケジュールになっています。
箱根湯本・三枚橋（Cコース Eコース スタート地点）：標高80m
↓ C&Eコース：30分
旅館近江屋前（湯本茶屋石畳入口　最初の石畳）
↓ C&Eコース：1時間
葛原・豊栄荘（給水所　Bコース Dコース スタート地点）：標高210m
↓ B&Dコース：20分　C&Eコース：1時間20分
須雲川集落
↓ B&Dコース：40分　C&Eコース：1時間40分
石割坂入口（B&Cコース最初の石畳）
↓ B&Dコース：50分　C&Eコース：1時間50分
須雲川小学校石畳出口
↓ B&Dコース：1時間10分　C&Eコース：2時間10分
畑宿集落入口
↓ B&Dコース：1時間15分　C&Eコース：2時間15分
畑宿・桔梗屋（給水所　Aコース スタート地点 すぐに石畳）：標高400m
↓ Aコース：10分　B&Dコース：1時間25分　C&Eコース：2時間25分
西海子（さいかち）坂上
↓ Aコース：25分　B&Dコース：1時間40分　C&Eコース：2時間40分
樫木坂看板
↓ Aコース：45分　B&Dコース：2時間　C&Eコース：3時間
樫木坂埋没石畳合流地点
↓ Aコース：1時間25分　B&Dコース：2時間40分　C&Eコース：3時間40分
甘酒茶屋（Aコース Bコース Cコース ゴール地点）：標高690m
↓ Dコース：3時間25分　Eコース：4時間25分
天ヶ石（てんがいし）坂上展望台：標高810m
↓ Dコース：4時間10分　Eコース：5時間10分
甘酒茶屋（Eコース Dコース ゴール地点）：標高690m
箱根旧街道足半石畳御案内
参加費：¥8,800～¥12,800(税込)　※詳細はお問合せ下さい。
※エンゾ作の足半1足、甘酒茶屋での甘酒と食事代を含みます。
2回目以降の方、足半(エンゾ・早川作)をお持ちの方は、
参加費 ¥5,000～¥9,000（税込）になります。
開催日：下記にお問合せ下さい。(月２回以上開催)
お問合せ連絡先：エイドステーション
エンゾ・早川 ☎ 0467-82-1000
エンゾ・早川 書籍情報：Amazonに18誌既登録
先祖返りの国へ
※足半(あしなか)の詳細説明は裏面に

ミスター・ぴたーん

ある日、私は妻とともに箱根旧街道の石畳を訪れていた。

箱根・甘酒茶屋に寄って、甘酒と力餅で腹ごしらえをした私たちは、芦ノ湖畔を目指し、峠の終盤にあるもっとも傾斜のきついエリアにさしかかっていた。

急な登り坂の石畳を、足もとの石に集中しながら、つぎの足の置きどころ、そのまたつぎの足の置きどころを考えつつ、足半を運んでいたときである。視界の右ななめ上方の端になにか動くものが見えたと思った瞬間。

「ぴたーん!」

という音が聞こえてきた。一瞬、なんの音だかわからなかった。落石か、倒木か……いや。人である。視線を上げると、まっ白い、人の足の裏が見えた。顔は、見えなかった。

そう。いまの大音響は、人が転んだときの音だったのである。しかも、仰向けに!

そうわかった瞬間。にわかにその人の身が心配になった。だって、大きな石がゴロゴロと埋め込まれたこんな急斜面で、あんな転びかたをしたら……当たりどころが悪ければ命にかかわる。少なくとも、絶対にどこかの骨が折れているに違いない。

その場合、私が助けを呼ばなくてはいけないのだろうか? しかし、私は携帯電話を持って

いない。だとすると、脇の県道に出て、ドライバーに助けを求めるか、甘酒茶屋まで戻って助けを呼んでもらうか……いや、転んだ本人に連絡させればいいのか……いまどき携帯電話を持っていない人なんていないないんだろうから……色々と考えをめぐらせていると、男がムクッと起き上がった。

細身の、長髪の、若い男である。冬の空気に入れ替わりつつある箱根山中で、パーカー一枚にチノパンは軽装にすぎるだろう。しかも、リュックサックはおろか、荷物らしい荷物も持っていない。

だ……だいじょうぶなのかな？　ハラハラしながら見守っていると、男がこちらに気づいた。そして、伏し目がちに下りはじめた。

一歩。二歩。ふらつきながら下ってくる。三歩、四歩、五歩、しだいにリズムが速くなってくる。ダメだ！　それ以上スピードが上がったら、コントロール不能に陥っちゃうよ！　そう心のなかで叫んだ。しかし、六歩七歩八歩九歩一〇歩！……かかと着地の男がどんどんスピードを上げながら迫ってくる。危険を感じた私は、古道の端へと移動する。

流星と化した男が、パーカーのフードをバフバフふくらませながら私の横をスローモーションで通過していく。真っ白な「スタンスミス」がブレながら高速回転して見えるのが鮮烈な印象として残った。直後。

「びたーん！　ゴロゴロゴロゴロッ……！」

名テニス・プレイヤーの名を冠したスニーカーのグリップを突破してしまった男は、再び仰向けにひっくり返り、それでもスピードを殺せずに、二回転、三回転と転がると、腹ばいになってやっと止まった。

下方を振り返ると、妻が杉の大木にしがみつき、身を隠しながら、男を眺めている。

「だ、だいじょうぶ?」

再び大転倒した上に、唐突に頭上から声を掛けられた男は、ギクッ……と身体をふるわせ、上目遣いに「キッ!」と妻を睨みつけると、驚くほどのいきおいで立ち上がり、なにも言わずにまた下りはじめた。

パーカーのフードをふくらませ、男は、かかと着地で、のけぞりながら下っていく。その先はいくぶん傾斜がゆるやかになったとはいっても、ふたたびスピードが上がりはじめている。私たちは、木立の合間に男の姿が消えてしまうまで、しばし、無事を祈りつつ見送った。

「きっと恥ずかしかったんだろうね」

「ほんとに骨折とかしてないのかな?」

「絶対、痛かったよね」

「なんであんなに軽装だったんだろう?」

やがて、私たちは峠の頂上を越え、古道は芦ノ湖へと向かう、権現坂のきつい下り傾斜にさしかかっていた。

「オレたちも転ばないように気を付けようね」

「うん」

石畳に貼りついた、濡れた落ち葉が、とても美しかった。

紅葉がはじまった回廊に、ペタ、ペタ……と石を叩く、足半の軽い音が響いている。

【特別附録】

エンゾ・早川のダイエット・トレーニング

▼告白

じつをいうと、わけあって昨年（二〇二一年）九月一五日から、一二月いっぱいまでの三か月半、私は、ダイエットをしなければならないという状況に追い込まれた。

そのわけというのは、血糖値と中性脂肪が上がってしまい、かつ、年に一回のCT検査において、な、な、なんと「脂肪肝」（軽度ですけどね！）が発覚してしまったのである。でも、でも……言い訳させてください！

前作『先祖返りの国へ』でもふれたので、ご存じの方もいらっしゃるかもしれませんが、じつは私、二〇一九年の一月に「急性胸部大動脈解離」という、かなりやばい病気になってしまい、大袈裟にいえば九死に

一生を得たのです。詳しい経緯は「おわりに」にも記しておいたので、後ほどお読みください。

その大病のおかげで、かなりの種類と量の薬を服用せざるを得なかった私は、その影響下にあって、運動強度はもとより、なかなか運動時間を増やすことができずにいたのである。にもかかわらず、なんの因果か、食欲だけは先にもどってしまい、元来、食い意地が張っていたこともあり、退院後、八〇キロ以下（身長は一八三センチ）になっていた体重も、じわりじわりと増えてきたのである。

そもそも、さまざまなストレス（近年、世の中には匿名で人の悪口を書き込めるという便利な蜘蛛の巣様のものがあるそうですね）のせいで体重が八五キロ以上にまでなってしまっていたことが、今回の大病を引き起こす一因となっているのは疑いようのないことで、いまにして思えば、ストレスによって跳ね上がってしまった血圧を下げるような薬を事前に服用していればと反省してはいるものの、自分のせいで上がったわけではない血圧を下げるために、自分が薬を飲むということに強い抵抗感があったのもまた事実である。

中性脂肪のほうはともかく、血糖値の指標となる「ヘモグロビンA1

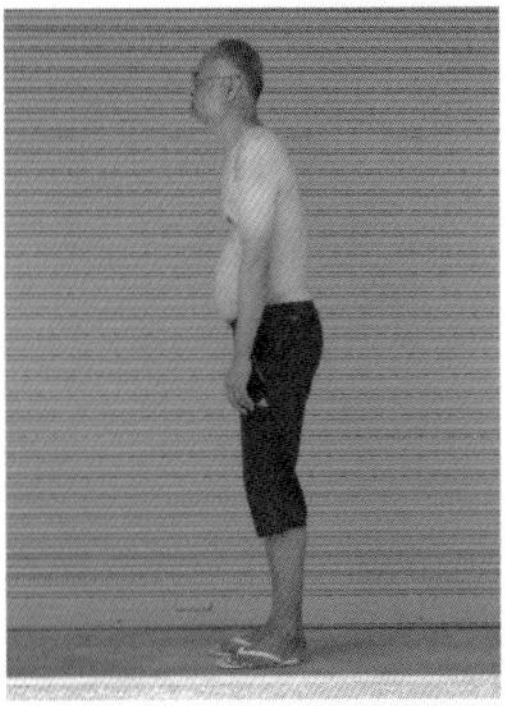

c（基準値＝四・六〜六・二パーセント）」の値が、三か月毎に、六・六→七・〇→七・二と順調（？）に上昇してきてしまい、ついに近所のかかりつけの医師に「そろそろ血糖値の薬、飲んだほうがいいよ」と言われてしまったのである。そして、相前後して「大動脈解離」の手術をしてくれた総合病院における年に一回のCT検査では、ふんわりとフォワグラ化しはじめた己の肝臓の画を見せつけられ……ここで立たなきゃ男がすたる！　ってもんですよね？

いっぽうで、これまでの地道なリハビリ・トレーニングの結果、入院以降、ずっと服用してきた降圧剤「ニフェジピン」の量がしだいに減ってきて、ついにまったく飲まなくてもよくなったのである。この薬は、血圧を下げる効果はたいへん高いものの、私の場合、すべてのやる気を根こそぎ奪い、頭も身体も常にぼんやりしている感覚があった。

退院当初と較べると、ずいぶん薬の種類も量も減った。そこで私は、これまで培ってきた知識と経験を総動員して、久しぶりに、まじめに、ダイエットしようと決意した……というよりは、ようやくそういう気持ちになれたといったほうがいいのかもしれない。

▼超長時間&低負荷有酸素運動の効果

二〇年以上前に私は、これまでの人生におけるマックス体重だった、九三キロから七二キロ（体脂肪率一〇パーセント以下）までダイエットしたことがあるが、その頃は、毎日三〇キロ自転車に乗っていて、日曜日には六時間以上、ときには一〇時間、箱根の山の中を走ることもあった。カロリー消費も四〇〇〇キロカロリー、五〇〇〇キロカロリーは当たり前。だから、食事はそれほど減らさなくても、どんどんやせていったのである。

今回は、八三・五キロ。ここから毎日六〇グラムの体脂肪を燃焼させて、三か月半後の年末までに六キロ減量し、七七・五キロになっていれば、まあ、御《おん》の字でしょう。

しかし、すっかりおじさん（五二歳）となり、しかも、件の大病のおかげで、現在の私は、運動の際、できるだけ心拍数を一二〇（拍／分）以上に上げないように留意しなければならないという制限が課されているので、ランニングはちょっと厳しい。また、しないからいいけど、ウェイト・トレーニングの類は禁止である。しかもこの制限は、一生続くと

いうことらしい。そうなると、できる運動といえば、ウォーキングくらいのものである。そこで、退院してからずっと継続してきたリハビリ・トレーニングを基本とした。

平日は、毎朝四五～五〇分程度のウォーキング。もちろん、真冬であっても素足に下駄か、草履ばきである。水曜日は店が休みなので、ここから「辻堂海浜公園」まで、およそ二時間半のウォーキング。これまた素足に下駄か、草履ばきである。下駄や草履だと靴のようには速く歩けないので、ペースは比較的ゆっくり。心拍数は、一〇〇～一〇五（拍／分）くらいでしょうか。

「ニフェジピン」を服用していた頃は、身体がふらつくので、おっかなくてロードバイクに乗ろうという気になれなかったのだが、この薬を卒業したことだし、ほこりをかぶっちゃってたロードバイクをきれいにメンテナンスして乗ってみることにした。ふらつきがなくなったおかげで、とりあえず自転車には乗れるけど、坂道は避けなければいけないし、長い時間走って疲れてくると、いくらゆっくり走っていても、じわりじわりと心拍数が上がってくる。それでも、自分で言うのもなんだけど、私のペダリング・テクニックは、まあ、凄いので、毎週、少しずつ距離

を延ばしながら、やっと「茅ヶ崎〜小田原（往復五〇キロ）」を二時間半。これをきっちり一二〇（拍／分）以下で走れるようになったのである。消費カロリーは、一二〇〇キロカロリーくらい。

現在は、このメニューを毎週日曜日におこなっているのだけど、気心の知れた常連たちが、小田原まで一緒に走ってくれているのが、なんとも心強いし、ありがたい。もちろん、彼らはそこから熱海や箱根方面へと颯爽と走って行っちゃうんだけどね。

あとは不定期に、箱根旧街道・石畳を、足半を履いて歩く。コースは、箱根湯本から「甘酒茶屋」まで三時間半とか、足半の配達がてら「大芝」のバス停から一度、県道を「甘酒茶屋」まで下り、甘酒で一服してから、石畳の峠道を越えて芦ノ湖に到る正味二時間ちょっととか、そんな感じである。箱根の山は天下の嶮。急な坂道がつぎからつぎへと出現するので、当然、心拍数が上がってしまう。だから、そういう激坂にさしかかって、心拍数が一二〇（拍／分）を超えてしまったら、立ち止まって休憩。心拍数が落ち着いてからもうひと踏ん張り。これをくり返しながら登るから、健脚の人よりはずいぶん時間がかかっちゃうけど、それはしょうがない。

そして最後は、箱根・芦ノ湖での「ハーリング」。これはフライ（西洋式の毛バリ）を使った「トローリング」のような釣りかたで、うんと伸ばしたラインの先に結んだフライを流しながらずーっとボートを漕ぎつづける。もちろん、魚に喰いついていただかないといけないので、そんなに速くは漕がないんだけど、それでも夜明けから日没近くまで、日の長い季節だと、一二時間以上、漕ぎっぱなしである。坐って漕いでいるので、心拍数は一〇〇（拍／分）くらいまでしか上がらないけど、漕いでいるあいだじゅう、広背筋、大腰筋、中臀筋を使いっぱなしだから、ほんとうにいいトレーニングになる。そして、たまに大きな魚が釣れるっていうご褒美もあるんだから、言うことないよね。

▼食餌療法

人間ってちょっと元気になると、すぐに変なものが食べたくなる。私の場合、それが、カップ焼きそばとか、罐コーヒーとかなんだけど、やっぱりたいして運動もしてないのにこういうものばっかり食べていると、血糖値も、中性脂肪も、悪玉コレステロールも、もちろん体重も増加し

てしまう。反省。

私はこれまでの書籍の中でも、度々、食餌療法について書いてきているので、もちろんやるべきことはわかっている。基本に立ち戻ればいいだけの話である。

前提条件として、私は基礎代謝が低い。長年かけて、意図的にそういう身体をつくってきた。私の目指す理想の身体とは「基礎代謝の低い、太りやすい身体」である。だからこそ、少ない食糧で長時間の仕事や運動をおこなうことができるのである。しかし、基礎代謝の低い、太りやすい人は、ちょっと食べ過ぎるだけですぐに太ってしまう。だから、そういう人は、食べ過ぎないように常に「食欲」と対峙していなければならないんだけど、大病を患ったということで自分に甘え、空腹によるストレスを回避しようとした結果、おろそかにしてしまっていたのである。

そもそも私は、もう二〇年以上、朝食を食べない習慣である。そして、食事のバランスを「炭水化物（糖質＋繊維質）：たんぱく質：脂質＝四：三：三」としている。でも、どうしても大きなストレスがあったりすると、ついつい朝、何か食べたくなったり、おやつや、夕食後にお菓子を食べたりしてしまい、いつしかそれが習慣化してしまう。たいていのイ

ンスタント食品やお菓子は、ほぼ糖質と粗悪な油脂でできているので、カロリー・オーバーになるだけでなく「四：三：三」のバランスがくずれてしまう。だから、血糖値や中性脂肪が上がってきてしまうのである。

そこで、すべての間食、夕食後のお菓子をやめた。インスタント食品も、罐コーヒーもやめた。当面、血糖値を下げないと薬を飲まされてしまうので、ふだんなら「四：三：三」でいいところを、やや炭水化物（糖質＋繊維質）の割合を減らし、そのぶんたんぱく質の量を増やして「三：四：三」くらいをイメージして料理をつくってもらうことにした。ちなみに私はまったく料理ができません。すべて妻のおかげであります！

多くの日本人の場合、摂取している炭水化物の割合が、六〇〜七〇パーセントか、それ以上である。そこを四〇パーセントまでもっていくためには、白米、パン、砂糖といった、いわゆる「白い炭水化物」の量を半分以下に減らすと同時に、こういった食べものは、ちょっと食べすぎただけでもすぐに「毒」に変わってしまうんだという認識を持っていることが重要である。そして、炭水化物を食べるときには、なるべく、そば、パスタ、全粒粉のパンといったぐあいに、比較的たんぱく質を多くふくむものを選ぶ習慣を身につけておこう。

わが家では、週に一回、米を炊くか炊かないかである。そのときは、足半をつくる藁の供給を受けている小山農園から購入した玄米を自宅で精米し、カレーや石焼きビビンパのときは五分搗《づ》き、パエリアやオムライスのときは七分搗き、天丼やうな丼のときは白米という感じで使いわけている。

いっぽう、たんぱく質は、肉、魚、卵、乳製品、豆なんかを、むしろこっちでお腹いっぱいになっちゃうくらい、遠慮なく食べるくらいでちょうどいいと思う。

ちなみに、この状況において、お酒をやめることにたいした意味はないので、当面、芋焼酎の「赤霧島」を〇・五合。これを常温ストレートでちびちび楽しむこととした。

ここでもうひとつ重要なのが、脂質についてである。ふつうの人は、脂質が三〇パーセントと聞くと「多すぎませんか？」という感覚を持つのかもしれない。しかし、脂質ほど重要な栄養素はない。だからといって粗悪な油脂を摂ってしまっていては本末転倒である。

わが家では、もう三〇年、安価なふつうのサラダ油をやめて、信頼できるメーカーのオリーヴ・オイル（イタリアとかギリシャのもの）と胡

麻油（「九鬼」とか「丸本」のもの）しか使わない。荏胡麻油や亜麻仁油がいいのは知っているけど、私的にはオリーヴ・オイルと胡麻油でじゅうぶんなんじゃないかと思っている。最近マイブームなのが、ゆでたブロッコリーのわしゃわしゃの部分に、まるで筆のようにオリーヴ・オイルを吸い込ませて食べるやつ。もちろん塩は無しだよ。こうすると、けっこうな量のオリーヴ・オイルをさらっと、おいしくいただけるのだ。ぜひ！

一日の摂取カロリーは、一五〇〇キロカロリーを目標に、一八〇〇キロカロリーまでは許容するとした。そして、朝食は食べないので、そのまま絶食状態で運動することを常とした。もちろん、二時間半歩いたり、自転車に乗ったりするときは当然のこと、箱根旧街道を歩いたり（甘酒茶屋に到着したタイミングで甘酒と力餅を食べる）、一日じゅう湖に浮かんでハーリングをするときも、基本的には絶食を貫いた。もちろん飲みものも、水、麦茶、ほうじ茶、ブラック・コーヒー……ノンカロリーのものとした。すると、計算上は一日に三〇～一二〇グラム程度の体脂肪を燃焼させることができるのである。

どうしても空腹に耐えられないときは、知り合いに「コストコ」で買っ

てきてもらった生のアーモンドを食べてしのぐ。アーモンドだと「三：四：三」のバランスをほとんどくずさないですむのである。しかも、私には、ローストして塩を振ったものよりもおいしく感じたので、言うことなしであった。

▼結果発表！

まずは体重である。スタート時、八三・五キロ（身長一八三センチ。体脂肪率二四パーセント）だったものが、一か月後＝八〇・二キロ（マイナス三・三キロ）、二か月後＝七八・五キロ（マイナス一・七キロ）、三か月後＝七五・八キロ（マイナス二・七キロ）、三か月半後＝七四・一キロ（マイナス一・七キロ）で、トータルはマイナス九・四キロ。体脂肪率は一四パーセントという結果であった。

まあ、一応ダイエットの専門家なんで、予定以上の結果となった。

つぎに中性脂肪（基準値＝三五〜一四九㎎／㎗）であるが、こんなものは糖質を制限して、やせりゃあ落ちるに決まっているので、三か月で、七三五（㎎／㎗）→四八（㎎／㎗）ということで、とーぜん。

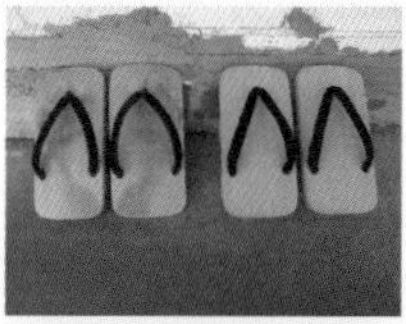

さて。つぎこそ懸案の血糖値である。これを下げるのは、ほんとうに難しいと聞く。はたして私の想定どおりに、私の身体は反応してくれているのだろうか？　まるで受験の合格発表を見るような心持ちである。では、では、では。三か月前は「ヘモグロビンＡ１ｃ（基準値＝四・六〜六・二パーセント）」が、七・二パーセントであった。これは、明らかに糖尿病と判定されうる数値で、投薬によるコントロールが奨められる状態である。それが、三か月後の数値は……五・九パーセント！　やった！　やりました！　とりあえず糖尿病、治りました。もう、お薬も必要ありません！

ちなみに、あのＣＴ画像に写っていた忌々しい私の「フォワグラ」であるが、かかりつけの医師によると、

「わざわざ撮る必要あるかなあ？」

とのこと。

確かに「湘南藤沢徳洲会病院」の医療スタッフのみなさんたちは、まだまだコロナ対応でたいへんな思いをしているはずである。それなのに、この数値で、しかも結果はわかりきっているのに、ＣＴ撮ってくださいとは言っちゃいけませんよね。九月の定期検診で執刀医の先生をびっく

りさせるのを楽しみにしていることにしましょう。

参考までに、この三か月における肝機能の数値の推移は、AST（GOT　基準値＝一〇～四〇U／L）が、二五→一八（U／L）。ALT（GPT　基準値＝五～四五U／L）が、三一→一三（U／L）。γ‐GTP（基準値＝七五U／L以下）が、三三→一二（U／L）、というあんばいであった。

▼定常走行へ

昨年九月からの三か月は、とにかく血糖値を下げないと薬を飲まされてしまいそうだったし、糖尿病はなんとしても避けなければならなかったので、より糖質を抑え目にしたメニューで過ごしてきた。しかし、もはや糖尿病の危機からは脱した。そこで、再び食事バランスを「炭水化物：たんぱく質：脂質＝四：三：三」にもどすことにした。

トレーニングに関しては、これまでどおりを継続した。もっとも、冬の間は寒すぎるので、箱根旧街道を足半で歩くのはさすがにお休みだし、釣りのほうも禁漁期間であるから三月までお休みである。いきおい

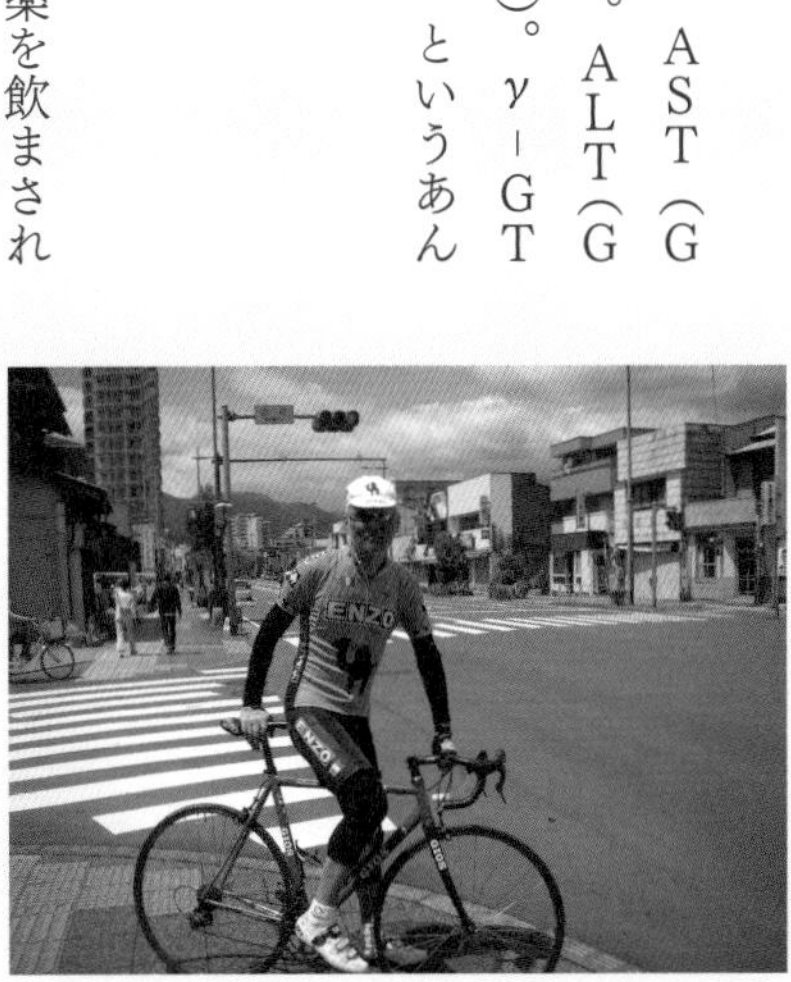

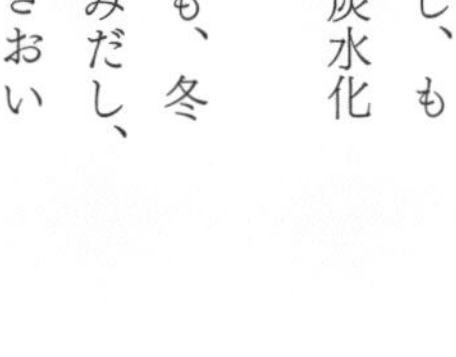

ウォーキングと自転車に精を出すことになる。

　体重に関しては、七四・一キロの時点ですでに目標を達成しているので、とりあえずは現状維持、もしくはあとちょっとだけ落とそうかな……という感じである。七三キロくらいか……でも、この歳になって、しかも大動脈に爆弾を抱えて、また七二キロを目指すのは……ちょっとやりすぎかな……ということで、七四キロ前後をキープするということで折り合いをつけることにした。

　ちなみに、さらに二か月後（二〇二二年の二月。今回は定常走行がうまくいっているかを確認するために、二か月後に検査してもらった）の血液検査では、中性脂肪（基準値＝三五〜一四九mg／dℓ）は八一（mg／dℓ）でOK。血糖値の指標である「ヘモグロビンA1c（基準値＝四・六〜六・二パーセント）」は、さらに下がって五・八パーセントでこれもOK。そして体重は七三・六キロで、ブラヴォー！

　にもかかわらず。ウエストのサイズは、九二センチである。でも、読者のみなさんならば、その意味はもうおわかりですよね。

　以上。ほんとうに個人的なダイエットの記録でしたが、きっと読者のみなさんのお役にも立つと信じてがんばってみました。もし、みなさん

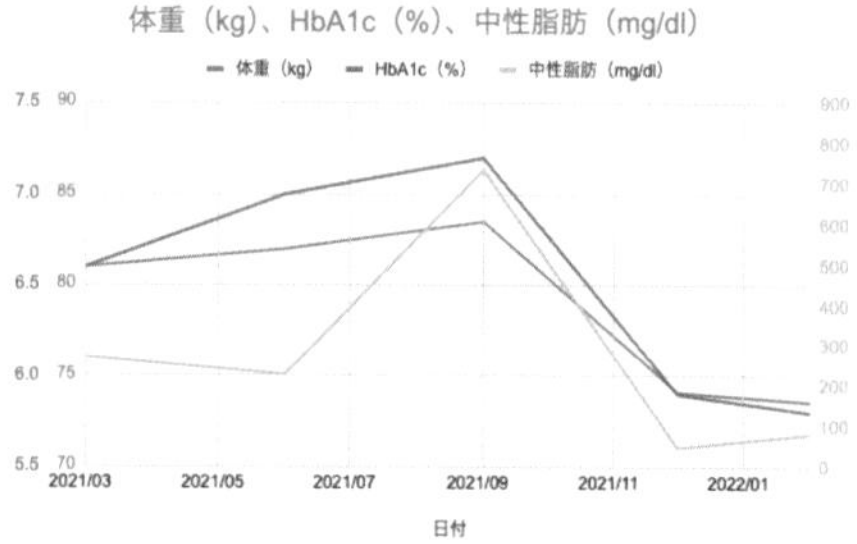

に報告（自慢）するんだというモチベーションがなかったら、こんなにうまくいくことはなかったと思います。

それでは、みなさん。いつかどこかでお会いできる日を楽しみにしています。

どちらさまも、絶対にお元気で。

エンゾ・早川

謝辞

素敵な写真を撮ってくれた中居弘一先生、保谷栄一くん、野崎順さん、妻、一緒に写真に写ってくれた散歩友だちの玄ちゃん、モモ太くん、ゆく先々で出会う美しい花たち、そして、冨田勝人さん（すし善）、箱根・甘酒茶屋のみなさんに感謝申し上げます。どうもありがとうございました。そして、これからもどうぞよろしくお願いいたします。

短編小説　山独活《やまうど》

二〇二三年、四月一二日。朝三時。

私は、ともちゃんの家におやじを迎えにいきました。

　ともちゃんというのは、私のすぐ下の妹で、ひとり息子の私がおやじの跡を継いでちょっとたったころから、おやじとおふくろは、妹一家と同居をはじめました。私は、毎朝三時五〇分に起き、小田原の自宅を出て、山の上の茶屋へと仕事に向かいます。茶屋には四時半に着きます。妻は、家の事をすべて片付けてから茶屋へ上がってきます。それを年中無休でつづけています。そういう私たちの負担にならないようにとそうしてくれているのかもしれません。

　おやじは、そのまま山に入れる恰好で、すでにバッキバキに気合いの入ってる感じでした。そのうしろを、少し眠たそうなおふくろが「わたしも行くのっ」という感じで、ちょこちょことくっついてきました。私の両親……とくに夫婦仲がいい、というふうにも見えないのですが、なんでも行動するときはいつも〝二個一《ニコイチ》〟です。きっとこれが、ふたりにとっての〝夫婦の流儀〟というものなのでしょう。

　私たちがこのふたりから跡を継いだのは、箱根の下二子山の中腹、笈《おい》の平《たいら》というところにある、甘酒茶屋（じつは〝あまさけちゃや〟とすべて濁らず読みます）という茶屋です。かつては笈の平に四軒あったと伝えられている甘酒茶屋は、現在、私どもの所一軒だけで、江戸の初期、四〇〇年以上前からあるのは確実といわれているのですが、じっさい、一六〇〇何年にはじまったのかは、定かではありません。だから、私が十三代目、おやじが十二代目、ということになってはいるのですが、はたしてそれもどうなんでしょうか……

❖

かつて、まだおやじが子どものころは、山の上の茶屋がそのまま住居となっていて、一家全員がそこで寝起きしていました。それこそ、おやじや、おやじの妹たちは、石畳の旧街道を、下駄を懐に入れ、はだしで、往来する人の足で顔が映るくらいにぴかぴかに磨き上げられた、棘《とげ》のないやわらかな石をぴたぴたと踏みながら、元箱根にある箱根小学校まで、峠を越えて通っていたといいます。

おやじたちのおやじ、つまり十一代目の主《あるじ》は、子どもたちのしつけや教育に関してことさら厳しく、

「茶屋の子どもだから……いまだに電気もガスも通ってねぇ家の子だから……町の子じゃねえから……学校もしょっちゅう休む、字も汚ねえ、読み・書き・そろばんも満足にできねえなんて言われちゃなんねえ。なめられちゃあなんねえ。そして、おめえたちもその境遇に甘えちゃあなんねえ」というスタンスを貫きつづけたといいます。

そうはいっても、大雨や大雪なんかが降ると、この二・五キロほどの峠越えは過酷を極め、年端もいかない妹たちの足では、元箱根の町にたどりつくだけで精いっぱい。小学校の友だちの母方の実家であった食堂「小松屋」で、休憩させてもらうこともしばしばだったといいます。

その友だちだった野崎少年は、現在も元箱根に住んでいて、今年八二歳になるそうなのですが、その当時のことを、

「あのころの箱根は、戦前からすでに観光ブームで、戦後だってものすげぇ忙しかった。元箱根あた

りじゃあ、電気・ガスは当たり前、テレビや冷蔵庫、オートバイ、自動車なんかもすげぇいきおいで普及したのに、箱根旧道（県道七三二号線）界隈は〝ゴールデンコース（小田原から箱根登山鉄道で強羅→ケーブルカーで早雲山→ロープウェイで桃源台→遊覧船で元箱根→バスで湯河原）から外れて、開発が遅れちまったから、おめぇんとこは厳しかったよなあ？　それでも、おめぇんとこのおやじさん（十一代目）は、誰も恨まず、羨ましがらず、子どもたちをきちんと教育してたってのをようく覚えてる。女の子からそういう話をよく聞いてたよ。ようするに〝性質〟……〝性格〟じゃなくって〝性質〟のいい人間だったってことなんだろうなあ……だから、バブルがはじけて観光がどうしようもなくなっても、いまだにおめぇんとこにはちゃんと客が来るってのはよ……そういうことなんだと思うぜ。そうそう、おめぇのじいさん、狩猟が好きでさ。よく勢子《せこ》（獲物を追い立てる役のこと）に駆りだされちゃあ、怒られてたなあ……ちっとも役に立たねえって。あっはっはっは……」

先日、ほんとうに何十年ぶりにお会いしたときに、野崎さんは、叔母たちとの思い出を、まるで昨日のことのようにニコニコしながら話して聞かせてくれたのです。

野崎さんは、長年にわたって、芦ノ湖の湖畔で〝フィッシングショップ・ノザキ〟という釣り具屋さんとボート屋さんをやっていて、ルアーフィッシングやフライフィッシングを志す人びとにとって、偉大な先駆者でありカリスマであるという人です。

そして、野崎さんと、これからお話しするエンゾさんという人は、師匠と弟子という関係性なのです。

じつをいうと、その日の朝、八時ごろ、エンゾさんから、

「今、湖の上にいるんだけど、六〇センチ、三キ

ロのマスを釣ったから、昌子《しょうこ》さんが上がってきたら、元箱根の〝ノザキ〟まで回収にきてくれない？」

と電話がかかってきました。そこで私は、車にクーラーボックスを積むと、おやじや叔母たちがあんなに苦労した峠を……車なんで車道ですけどね……ぴゅーっと五分ほどで越えて到着です。そこで、ほんとうにひさしぶりにお会いした野崎さんと、はじめてそんな貴重な会話を交わすことができたわけです。じつは箱根という地域は、集落と集落とが、峠や森で分断されていることが多いので、意外と、となりの集落の人と、ほんのちょっとの距離しか離れていないのに、まったくしゃべったことがないということがけっこうあるのです。

そのときにエンゾさんから受け取った見事なマス（レインボートラウト）は、半分を従業員みんなのまかないに、半分をこれから説明するエンゾさんのイベントにお出ししているお食事の一品として料理させていただくことにしました。

❖

車はオレンジ色の街路灯に照らされたバイパス（国道新一号線）に入りました。

「そうそう、旦那さん（私はおやじのことをそう呼んでいます）。このあいだ、旦那さんが茶屋に来て、甘酒を仕込んでから、昔の水源地のあたりを見に、山に入ってたときがあったでしょう？」

「おう」

「あの日、エンゾさんが来ててね。結局、旦那さんには会えなかったんだけど、甘酒を出してしばらくしたら、エンゾさんが私のことを手招きして……なんだろうと思って囲炉裏端に上がったら、――この甘酒、聡《さとし》さんがつくったんじゃないでしょう？おとうさん、来てるの？――っていうんだよ」

「ほう」

「そしたら、エンゾさん、――おとうさんの甘酒、ひさしぶりだなあ……なつかしいなあ……なに？山に入ったまま帰ってこないの？　残念だなあ……おとうさんの味ってすぐわかったよって伝えといて――っていってたの。それで、ふたりがつくる甘酒の味がぜんぜん違うって。旦那さんがつくったほうが、甘くて味が濃くて、わずかにキャラメリゼされたような風味がある。逆に、私のは、すっきりして飲みやすく、今風で、冷めてもおいしいって。きっと、火の入れかたと塩の使いかたが違うんじゃないかって。あの日、一日営業してて、そのことに気づいたのってエンゾさんだけだったんだよ」

「そうけえ、そうけえ……あの人は、そういう人だ」

めずらしくとなりでおやじがニコニコ笑ってるんじゃないかと、ちらっと視線を移してみたのですが、まだ夜明け前だったので、残念……よく見えませんでした。

❖

ご存じの方も多いとは思いますが、エンゾさんという人は、自転車屋さんであり、作家でもあるという人です。エンゾさんの作品に『エンゾ・早川の体型大全』（自由国民社）というのがありますが、そこにエンゾさんが甘酒茶屋について書いた文章と、エンゾさんが描いた現役時代のおやじのイラストが載っています。

そこでは、年中無休で伝統的な味を供しつづけるために、いかに解剖学的に理にかなった身体の使いかたが重要であるかということについて書かれていました。きっと、おやじも、そんなことを意識しながら仕事をつづけてきたわけじゃないんでしょうが、そういうふうに評価してくれた人があったのをうれしく思っていたのかもしれません。

エンゾさんにいわせると「一五年以上前、まだ何者でもなかった私を、厨房に入れてくれて、しかも、秘伝の作業風景を写真に撮ることを許してくれた。その恩義を終生忘れることはない」ということらしいのですが、確かにおやじが他の人にそういったことをしてあげたという記憶は私にもなく、当時の従業員たちもちょっとびっくりしていたということでした。

エンゾさんは自転車の人です。だから、いつも箱根旧道を自転車で登っていて、甘酒茶屋に寄ってくれるのは年に数回。通常はそのまま芦ノ湖畔を抜け、もうひと登り、大観山の山頂を経由して湯河原へと下り、小田原から茅ヶ崎へと帰ってしまいます。

毎週日曜日の練習会（ベビー・ジロ・ディ・箱根）のときは一回ですが、年に三回開催される〝ジロ・ディ・箱根〟のときは一日に二回、〝ジロ・ディ・箱根グランデ（大盛り）〟のときは一日に三回、〝ジロ・ディ・箱根 スーパー・グランデ（超大盛り）〟のときは一日に四回、私どもの茶屋の前を通過していきます。たまたま気がついたときには、茶屋の前から声援を送ることもあるのですが、そのたびにエンゾさんは手を振って、笑顔でこたえてくれました。

そんなエンゾさんが、二〇一九年に大きな病気（急性胸部大動脈解離）をして、自転車で箱根旧道を登ることができなくなってしまいました。

高い心拍数で運動することができなくなってしまったというのです。もしかしたら、もうめったにエンゾさんに会えなくなってしまうのかな、と心配していたのですが、なんとエンゾさんは、こんどは自分で編んだ足半《あしなか》を履いて、不死鳥のように、この山の上の茶屋に舞い戻ってきました。それどころか、歩きで来ているからといって、毎回、かならず茶屋を訪れてくれるようになりました。ふつうに靴を履いて、バスで来てくれてもいいのに、わざわざ昔のはきもので、歩いて上がってくるところがエンゾさんらしいといえば、らしいですよね(笑)。

「自転車のときは、たいていここを素通りしちゃってて、申し訳ないなあって思ってたんだよ。でも、大動脈解離のおかげで、月に何回もここに来れるようになったんだから、病気も悪いことばかりじゃないよね。甘酒と力餅だけじゃなくて、かき氷がこんなにおいしかったなんて知らなかったよ!」

そういってエンゾさんは笑うのです。

エンゾさんの大病からさかのぼること七年くらい前だったでしょうか、じつはうちのおやじもちょっと危ないかなという時期がありました。心筋梗塞でした。でも、おやじは、退院するやいなや、天気のいいときを見計らっては、妹の車でおふくろといっしょに茶屋まで上がってきて、勝手知ったる山の中へ入り、ひたすらよもぎを摘み、それを茹で、餅に入れては食べるというのを繰り返し、見事に克服してしまいました。いまでも茶屋の囲炉裏で使う薪を割り、それを美しく面一《つらいち》に積んでおくのは、おやじの大切な仕事となっていて、とても助かっています。

その当時、エンゾさんもおやじのことをとても心配してくれていて、

「おとうさん、もうだいじょうぶなの? さっきその上を登ってるとちゅうで、山の中でガサガサやってるのを見かけてびっくりしたよ。クマかと思ったよ。でも、元気そうでなによりだね。こうなってみると、よもぎが効いてんだか、山歩きが効いてんだかわかんないけどね。アハハ……でも、ここだけのハナシ、おとうさんって、タバコ吸わない人じゃない? あの世代の男性の喫煙率って九〇パーセント近いはずなのに、めずらしいよね? 絶対、それもめちゃくちゃ効いてんだよ」

「いやあ、おやじの若いころは、ほんとうに貧乏

だったから、それどころじゃなかっただけなんだと思うんだけどねえ……」

「なにいってんの。貧乏でもタバコを吸う人なんていくらでもいるんだから。でも、聡さんだって吸わないじゃない？　だから、そういうことなんだよ。一事が万事。そこらへんが、甘酒茶屋がこうしてつづいてる理由なんじゃないの？　もちろん、結果論に過ぎないっていわれりゃあ、そりゃそうかもしんないけどね……でも、ぼくらには、結果論からしか学べないことがたくさんあるんだから」

いったん茶屋の前を通過したのに、わざわざ戻ってきて、うれしそうにおやじの目撃情報を寄せてくれたりしていました。私にはあのときのおやじと今回のエンゾさんが重なって見えます。きっと、だからなんでしょうね。ほとんど初対面であったはずのエンゾさんを、おやじがすんなりと厨房に入れてあげたのは。

❖

茶屋に着いたおやじは、一服する間もなく、さあ山に入ろう、早くいこうと私をせかしてきます。

今日こうやって、私たちが夜中に待ち合わせて茶屋に上がってきたのには理由がありました。翌日に控えた『足半《あしなか》で箱根旧街道・石畳を歩く会』というイベントで、お客さんを連れて山を上がってくるエンゾさんに、どうしても「オレが採った山独活《やまうど》を食わしてやりてえ」というのです。ほんものの山独活はスーパーなんぞで買ったもんとは比べものにならないくらいうまいから、どうしてもこのタイミングで、それをエンゾさんに食べさせてあげたいというのです。

ここ数年、コロナ禍のせいもあって、高齢のおやじとおふくろには、茶屋に上がってくるのは控えてもらっていました。しばらく山に入っていなかったおやじですが、あきらかに目的のある者の足どりで、さっさと山に入っていきます。足どりは若者のそれのようでしたが、なんせ今年八八になるじいさまです。おふくろに留守番をたのむと、あわてて私はあとを追い、すぐ背後について歩きはじめました。

茶屋の前の県道を越えて山に入り、ちょっと下って、沢をわたると、文庫山の斜面にさしかかります。たとえ夫婦であっても、親子であっても、その在《あ》り処《か》を決して教えないというのは〝山菜採りあるある〟です。えっ？　こんなところに山独活があったのか？　おやじの異常なほどのテンションもさることながら、それは新鮮なおどろきでした。ずんずん登っていくおやじの背後で、うそでしょ？　山に入ると、おやじはこんなに元気になっちゃうの？　と感心していると、ズルッ！……足もとが滑って、おやじがバランスをくずしました。とっさに私はおやじの手をつかまえました。

「旦那さん。だいじょうぶですか？」

「お？　おう」

思わず握ってしまったおやじの手は、子どものころにいっしょに風呂に入ったときの記憶の……グローブみたいだと思った印象よりもずっと小さく、でも、年のわりにみずみずしく、そして、ひんやりとつめたい感触でした。でも、それは、大人になった私の手が大きくなっただけのことだったのかもしれません。

あっ！　そのとき、私は愕然としました。そういえば、私にはおやじの手を握った、手をつないでもらったという記憶がなかったからです。子どものころを思い出してもありませんでした。年中無休で茶屋を守りつづけてきたおやじが、丸一日の休みを取れることはほとんどなく、ふつうの家の子たちのように、休みの日に、おとうさんと遊園地にいったり、キャッチボールをしたり、魚釣りにいったりといった経験は、まったくといっていいほどありませんでした。夏休みのあいだも、きょうだいやいとこたちとともに茶屋に上がってきて、そのへんの山でヒグラシやカナブンを捕まえたり、向かいの沢へ下りて水遊びをしたり、木登りをしたり、秘密基地をつくったり、茶屋の手伝いをしたりしながら、そうして私たちは成長していきました。年頃になれば、部活に熱中したり、友だちと遊びにいったりして、いつの間にか大人になってしまいました。

その後、私は京都で料理人となって、働きはじめました。私にはひとりの姉とふたりの妹がありますが、息子は私ひとりです。おやじも似たような境遇でしたが、私は一度も茶屋を継ぐようにいわれたことはありませんでした。

「たとえ四〇〇年つづいていようが、オレらは一介の茶屋にすぎない。歌舞伎やなんかとは違うんだから……」

それでも、いまにして思えば、おやじの背なかを見つづけていたからなんでしょうね。京都で一三年、料理人の仕事をしていた私でしたが、鹿児島の女性と出会ったのを機に、神奈川に戻り、おやじの跡を継ぐことにしました。その女性には〝四〇〇年近くつづく箱根の甘酒茶屋〟あるいは〝自分で十三代目になる〟といった情報はほとんど伝えず、ただ実家が飲食店をやってるくらいのかるーい感じで連れてきてしまったので、いまだに頭が上がりませんし、お名前も〝さん付け〟でお呼びさせていただいています（笑）。だって、単純に活字に起こせば〝両親健在、小姑三人〟のところに来てくれたわけですからね。

「この茶屋じゃあ、せっかく磨いた腕を活かせねえだろうに」

もしかしたら、おやじはそんなことを思ってくれているのかもしれませんが、私は私なりに、先代たちとおなじ素材を使いつつも、塩加減と火の入れかたをくふうして、もっと多くの人が飲みやすいと思ってくれる甘酒をつくっていこうと思っています。変えてはいけないものは変えずに、それでも時代に合ったおいしさを求めていくのに、京都での一三年は大いに役立っているのです。

❖

おやじが何を考えているのかはわかりませんでしたが、ずっと手をつないだままでいてくれました。私たちは肩を寄せ合い、いっしょになって急な斜面を上がっていきました。

「このへんのはずだが……ずいぶん地形が変わっちまってるなあ。なんども水が出たんだなあ。やっぱり、しばらく来てねえとダメだなあ……もうちょっと上だな」

ほの明るくなってきた森のなかで、ぶつぶつとつぶやきながら周囲を見回しています。過去の記憶と照らし合わせているようでした。

「おう。このへんのはずだな。さてさて……うーん」

目指す場所にはたどりついたようですが、山独活はなかなか見つかりません。

「おかしいなあ……確かにここのはずなんだが……誰かに盗られちまったのかなあ……」

それからしばらく、それじゃあこっちはどうだ。それともこっちは……などと、あちこちを探しまわりましたが、山独活は見つかりません。

「そろそろ帰りませんか?」

私が進言すると、

「もうちょっと上までいってみよう」

おやじは、さらに上を目指します。

「もうちょっとだ」

「いや、もうちょっとだ」

私はというと、しだいに明るくなってくる早春の森の中で、ミニチュアの葉っぱの先で星のように瞬く、白や青の小さな小さな花たちを眺めながら、そういえば、長年こんな山の中で茶屋をやっているのに、おやじみたいにしょっちゅう山に入ってなかったなあ……それじゃあ、身体の使いかたも、山の知識もおやじにかなわないのはしょうがないんだなあ……そんなことを考えながらも、おやじの手をとり、肩を抱きながら山の中を彷徨《さまよ》っていると、私の心は、あたたかい何かに満たされていきました。

❖

残念ながら、山独活を採ることはできませんでした。

そろそろ茶屋の仕込みをはじめなくてはいけない時刻が近づいてきました。もちろんおやじもそのことはよくわかっています。

おやじに肩を貸しながら、がさがさ、ごそごそ、藪をかきわけ、ふかふかの落ち葉をゆっくり踏みしめながら、ふたりで森から這い出てきました。

いざ、森から、かつて甘酒茶屋の前を通っていた石畳の古道の上に敷かれた、アスファルトの県道へ上がろうという瞬間のことです。

私よりもずいぶん小さくなってしまったおやじが、となりで、一言、

「……ちきしょうッ！」

ちょっとびっくりしてふりかえっちゃうくらいのボリュームで吐き捨てました。

ああ、おやじ。くやしかったんだなあ……よっぽど山独活を採りたかったんだなあ……でも、ひさしぶりにおやじの「ちきしょう」を聞いた気がするな

あ……くやしがっている本人には悪いのですが、ほのぼのとしたなつかしさがこみあげてきて、ひとりでに笑みがこぼれてしまっていました。

ふと茶屋の萱葺き屋根の向こうを見上げると、下二子山の肩に突き刺さる朝日の燦乱が、キラキラと黄金《こがね》いろにはじけています。

うぐいすが澄みきった声で鳴きはじめました。

相思鳥《そうしちょう》がヘラヘラと愛を語り合いはじめました。

そろそろ、森も起きる時刻です。

つないでいた手は、どちらからともなく離してしまっていました。

追記

私がこうして足半を履いて箱根・甘酒茶屋まで登り、あまつさえそれを『足半《あしなか》で箱根旧街道・石畳を歩く会』という稀有なイベントにまですることができたのは、最初に、私がつくって持って来ていた〝足半お守り〟を見るなり、

「なにこれ、かわいい――！　これ、うちで売っちゃいなさいよ！」

と、まさに肩をブッ叩かんばかりの勢いで発してくれた、琴代ねえさん（十三代目のお姉さんにして十二代目の長女）の熱いアドバイスがあってこそでした。

「いつかなんかやろうよ」と、私と十三代目の聡さん、男ふたりでグズグズと語り合いながらも、いろいろの事を気にして、なかなか何もはじめなかっ

た私たちの数年間はいったいなんだったんだろうと、くやしいやら、なさけないやら、うれしいやら、ワクワクするやら……なんとも形容しがたい感情がこみあげてくるのでした。こういうときの男ってホントにダメですよね（苦笑）。

私の人生における岐路、あるいは危機には、いつも箱根・甘酒茶屋の一族郎党の〝親切〟がありました。もっとも、この程度の事は、過去四〇〇年にわたってここの人たちがくり返してきた〝もてなし〟のひとつに過ぎないのかもしれませんが、一旅人の私にとって、どれほどの力になったことか……これを恩義として感じることができないのであれば、それは〝人でなし〟ということになるのだと思います。

私にあとどれくらいの人生が残されているのかはわかりませんが、きっとそんなに多くはないのでしょう。もしかしたら、それは、これまで箱根の人びとに受けた恩義に報いる時間〝だけ〟を、神が与えてくださったということなのかもしれません。

私はそれを肝に銘じて、これからも〝箱根旧街道・石畳〟を登りつづけようと考えています。芦ノ湖で魚を釣りつづけようと考えています。そして、その少しも飽きることのない不思議な魅力について書きつづけようと考えています。

この命あるかぎり。

エンゾ・早川

おわりに

五年前の二〇一九年、一月一一日。

私は一度死んだはずであった。「急性胸部大動脈解離」という病気は、致死率七〇パーセントとも八〇パーセントとも言われている。

ちょっと年輩の人だと、「石原裕次郎がなった病気」と言えば「ええっ！よく助かったねえ」とけっこう同情してもらえる。最近では、加藤茶さんがなって奇跡の生還を遂げた病気として再び脚光（？）を浴びた。

あとで色々な人に話を聞いてみると、助かった人の多くが、誰かの助言ですぐに病院へ行った人で、「明日病院に行くからいいよ」と言った人の、私が聞いた範囲では、すべてが死んでいる。私の場合、妻の助言でかかりつけの「前川クリニック」へ行き、かつて救命救急にいたという前川先生が直ぐに紹介状を書いてくれ、指示どおり、救急車ではなくタクシーで（行く病院が決まっているのなら、夕刻という時間帯を考えると、すぐ駅前で待機しているタクシーを呼んだほうが早いという判断であったと思われる）「湘南藤沢徳洲会病院」へ向かったおかげで、ありがたいことに生きている。

「大動脈解離」という病気は、三層ある血管の壁のもっとも内側の壁に傷が入り、そこから侵入した血液が第二層目を破壊しながら進み、巨大な血栓を形成するという病気で、もしもラップほどの厚さしかない第三層目が破れてしまうと、大出血が起こり、ものの数分で命を落とすことになる。私の場合、大動脈が大きなカーブ描いているあたりから、腎動脈の手前まで解離が進んだけれど、とりあえず大出血は免れることができた。

私が助かったその主な理由は、これまでに発売された私の著書をお読みの方ならご存じであろうが、私が二〇代の頃から約三〇年間、有酸素運動と食事の研究と実践を続けてきたからである。執刀医からも「第一層と第三層のコンディションは凄くよかった。だから、開胸手術が必要な人工血管置換術ではなくて、カテーテル手術によるステントグラフト留置術を採用できた。動脈硬化もまったく見られなかったから、手術もとてもスムーズだった」という、お褒めの言葉をあずかったほどである。

ここで多くの読者は疑問に思うであろう。「じゃあ、なぜそんな病気になったの？」と。私だってそう思いますよ！　実は、偶発的に血管の第一層（内壁）に傷が入ることはままあるのだという。私の場合、当時、血圧と尿酸値が高いのを放置していたという自覚もあるので、その点については大いに反省している。しかし、ほとんどの場合、その傷は自然にふさがり、大動脈解離にまで発展することはないという。ところが、もしもこのとき、第二層がひどく劣化していると、ブリブリと壊れながら解離が進んでしまうのである。

ここで問題なのが、血管の第一層と第三層のコンディションは、有酸素運動と食事で改善することができるということである。一方、第二層は、弾性線維というコラーゲン様の物質でできており、一度壊れると、ほぼ再生しない。他にも、おなじような材質でできている、肺胞、椎間板、半月板、靭帯、腱、歯茎、眼球などにも同じことが言える。逆に、心臓、肝臓、筋肉、骨などは、かなりのレベルで再生・強化が可能である。

近年、この再生しにくい弾性線維を破壊する要因としてもっとも大きなものが、喫煙によって発生する活性酸素であるとわかってきた。そして私は、三〇年前から、五〇歳までに自分の身に何かが起こった場合、それが受動喫煙に起因するものだろうという仮説を証明するために、人生で一度もタバコを吸ったことがない。だって、もしも自分自身が喫煙していたら「結局自分が悪いんじゃん」と言われてしまうからである。

私が四九歳のときに死にかけたのは、父親からの受動喫煙が原因である。それでも死ななかったのは、有酸素運動と食事の研究と実践（ちょくちょく怠けることもありますよ。そりゃ、人間ですもの）を続けてきたからである。私はそう信じている。そして、生き延びた私には、私が死にかけた理由と、私が助かった方法を、読者のみなさんに伝える義務があると思っている。

だから、本書を読んじゃったみなさんの中に、もしもですよ？　喫煙者がおられるのなら、はい！　今日でやめてください。わかりましたね？　よろしい。

大動脈にステントグラフトという直径三センチ弱、長さ二〇センチのパイプが入っている私は、運動の際、心拍数が一二〇（拍／分）を大きく超えないように気を付けなければならない。そして、これを死ぬまで守らなければならない。だから、かつてのようにロードバイクで箱根の山を何度も登るという冒険はできなくなってしまった。今は、毎週日曜日、茅ヶ崎～小田原間（往復五〇キロ）を走っているが、私のペダリングは一級品なので、一二〇（拍／分）以下でも、まあまあのスピードで楽しく走れている……なんてね。

ところで。むしろ「怪我の功名」とでも言うべきであろうか、ロードバイクに乗って箱根旧道（舗装路）を登れなくなってしまったからこそ、私は足半を履いて箱根旧街道（古道）を歩いて登り、そこで得た新しい知見をもとにさらに探究することで、これまでとは異なった層の読者のために、人間が本来あるべき姿にもどるための姿勢や歩きかた、身体の使いかたといったことを伝えたいと考えている。それが、これからのややこしい時代を、日本人が、日本人としてどう生きていくべきなのか。そのヒントとなるはずだと確信している。そして、それこそが、私が生き延びた理由なんだろうと思っている。

読者のみなさんが、この足半という不思議なはきものを通じて、より自分の身体のことに興味を持ち、好きになることで、それぞれがそれぞれの身体の研究者となり、探究者となってくれることを願っている。

それでは、みなさん。いつかまたどこかで。命あるかぎり。

どちらさまも、絶対にお元気で。

二〇二四年、五月

箱根・甘酒茶屋にて

エンゾ・早川

参考文献

潮田鉄雄『ものと人間の文化史　8·はきもの』 法政大学出版局(1973)

榎本準一『下駄本　下駄の買い方·履き方』 平安工房(2009)

Clem W. Thompson, R. T. Floyd　中村千秋 竹内真希翻訳
『身体運動の機能解剖』 医道の日本社(1997)

石井直方監修、左明、山口典孝著、CG·奥山正次
『カラー図解　筋肉のしくみ·はたらき事典』西東社(2009)

加藤嘉太郎『家畜解剖比較図説』養賢堂(1971)

石河利寛　杉浦正輝編著『運動生理学』建帛社(1981)

『Inside the Human Body　A Source Book for Artists and Designers』
The Pepin Press

松崎道幸、渡辺文学監修、加濃正人編
『タバコ病辞典　吸う人も吸わない人も危ない』実践社(2004)

伊藤潤、大和田公一『箱根旧街道「石畳と杉並木」箱根叢書—27』
神奈川新聞社(1997)

鈴木康弘『バス、天下の険を行く～箱根の自動車100年～』
箱根町立郷土資料館(平成25年)

五味文彦、高埜利彦、鳥海靖『詳説日本史研究』山川出版社(1998)
『最新歴史資料集』明治図書出版

【著者について】
エンゾ・早川（えんぞ・はやかわ）

1969年生まれ。早稲田大学人間科学部スポーツ科学科卒業。神奈川県茅ヶ崎市にあるロードバイク・プロショップ「エイドステーション」の店主で作家。ロードバイクを通じて、人間本来の身体の使い方、食事の仕方とはどういったものかを探求。現在は、日本古来の履物である「足半（あしなか）」を自身で製作し、実際に箱根旧街道を歩くことを通じて、明治維新以降、失われてしまった日本人本来の歩き方や姿勢を提案している。著書に『ラクダのコブのある自転車乗りになりたい』『まちがいだらけの自転車えらび』『ジロ・ディ・箱根』『ほんとうに幸福な自転車乗り』(双葉社)、『エンゾ・早川のロードバイク解體新書』『エンゾ・早川流 ロードバイク秘伝の書』『エンゾ早川のロードバイクライディングバイブル』(枻出版社)、『エンゾ・早川の体型大全』(自由国民社)ほか多数。エバレット・ブラウンとの共著に『先祖返りの国へ』（晶文社）がある。

足半《あしなか》バイブル
——1000年前の忘れられた履物が
現代人の身体を変える

2024年6月25日　初版

著　者　エンゾ・早川
発行者　株式会社晶文社
東京都千代田区神田神保町1−11 〒101−0051
電話　03-3518-4940(代表)·4942(編集)
URL　https://www.shobunsha.co.jp

印刷·製本　中央精版印刷株式会社

ISBN978-4-7949-7428-0　Printed in Japan